생활 경제학 워크북

최정표 지음

ECONOMICS

도서출판 해남

머리말

이 책은 대학 초급교재로 집필된 『생활경제학』(최정표, 도서출판 해남)의 workbook으로 저술되었다. 학생들이 교재(『생활경제학』)의 내용을 더욱 확실히 이해할 수 있도록 훈련시키기 위해 집필한 부속 문제집이다. 경제학은 정교한 이론으로 구성되어 있기 때문에 수학처럼 연습문제로 훈련하지 않으면 그 내용을 제대로 이해하기 어렵다. 이 책은 이를 위해 교재와 똑같은 체계를 유지하면서 교재의 내용만을 바탕으로 다양한 연습문제를 만들어 두 책을 함께 사용할 수 있도록 한 책이다.

연습문제는 가능한 한 매우 쉽게 만들려고 노력하였다. 문제구성은 학생들에게 본문 내용을 쉽게 이해시키도록 하는 데 주목적을 두었다. 이를 위해 각 장마다 두 가지 유형의 문제를 동시에 실었다. 앞부분에는 진위형 문제를 실었고, 뒷부분에는 선택형 문제를 실었다. 두 유형의 문제 모두 철저하게 본문의 내용에만 근거하였다. 응용문제는 거의 다루지 않았다. 진위형 문제에서는 각 장의 경제이론을 얼마나 이해하였는지 간단히 점검해 보도록 하는 데 치중하였고, 선택형 문제에서는 이해도를 확장시켜 나가도록 하는 데 치중하였다. 두 유형의 문제를 무리 없이 풀어 나갈 수 있다면 교재 내용을 비교적 잘 이해하였다고 자부해도 좋을 것이다.

문제를 풀 때는 해답을 보지 말고 먼저 풀어 보는 것이 정석이다. 그런 후에 틀린 문제를 다시 검토해 보는 것이 중요하다. 그리고 문제를 풀면서는 본문 내용을 다시 읽어 보는 것도 권하고 싶다. 이런 과정을 되풀이하면 각 장의 내용을 완벽하게 이해하게 될 것이다.

이 책의 연습문제는 본문의 내용보다 쉽도록 만들었다. 곧이어 발행할 증보판에서는 난이도가 다소 높은 문제도 함께 다룰 예정이다. 교재의 내용은 변화시키지 않더라도 연습문제를 통해 더 높은 이론을 공부 할 수 있기 때문이다. 이런 과정을 거치면 경제학에 대한 지식을 점점 더 높여 나갈 수 있다.

2009년 신춘

화양동 1번지 연구실에서 **최정표**

차례

Contents

01 인간생활과 경제학

01 진위형 문제

옳은 서술에는 O, 틀린 서술에는 X를 표시하시오.

1A-1 한국 경제는 세계에서 인정하는 고도성장국이다. ( )

1A-2 국민소득이 증가하면 사람들은 더 행복해진다. ( )

1A-3 1997년의 외환위기는 국민들의 금모으기 운동에 의해 극복되었다. ( )

1A-4 외환위기는 재벌의 힘으로 극복되었다. ( )

1A-5 재벌식 경영의 특징이었던 과다한 부채경영과 과잉중복투자가 외환위기의 한 원인이 되었다. ( )

1A-6 외환위기를 극복하는 과정에서 중요 공기업은 모두 민영화되거나 외국에 매각되었다. ( )

1A-7 외환위기 이후에 환율과 물가가 급격히 상승하였다. ( )

1A-8 희소성의 원칙이란 인간의 욕망은 무한한데(unlimited desire) 생산자원은 유한하다(limited resources)는 것을 말한다. ( )

1A-9 자본주의 경제에서는 정부가 자원배분문제를 해결한다. ( )

1A-10 정부는 경제문제의 조정자 역할을 수행한다. ( )

1A-11 가계는 상품과 생산요소를 수요한다. ( )

1A-12 기업은 상품과 생산요소를 공급한다. ( )

진위형 문제

01

옳은 서술에는 O, 틀린 서술에는 X를 표시하시오.

1A-13 우리나라 경제에서는 해외부문이 매우 큰 비중을 차지한다. ( )

1A-14 경제학은 자연과학이다. ( )

1A-15 경제학은 크게 미시경제이론과 거시경제이론으로 구분할 수 있다. ( )

01 선택형 문제

옳은 답을 하나씩만 고르시오.

1B-1 한국 경제는 ( )

a. 후진국이다.
b. 선진국이다.
c. 고도성장의 경험이 있다.
d. 사회주의이다.

1B-2 1997년의 외환위기 직후에 나타난 현상이 아닌 것은? ( )

a. 실업률 증가
b. 물가 상승
c. 환율 상승
d. 성장률 하락

1B-3 1997년의 외환위기 이후에 정부가 추진한 정책이 아닌 것은? ( )

a. 이자율 인하
b. 재벌개혁
c. 기업구조조정
d. 공기업 민영화

1B-4 근대경제학의 아버지는? ( )

a. 칼 마르크스(Karl Marx)
b. 데이비드 리카도(David Ricardo)
c. 토마스 맬서스(Thomas Malthus)
d. 애덤 스미스(Adam Smith)

1B-5 경제개혁의 주요 과제가 아닌 것은? ( )

a. 제도와 관행의 선진화
b. 관치의 강화
c. 자율화의 증대
d. 시장의 활성화

선택형 문제 01

옳은 답을 하나씩만 고르시오.

1B-6 경제학이 풀어야 할 과제에 해당하지 않는 것은? ( )

a. 무엇을 생산하느냐
b. 어떻게 생산하느냐
c. 누구를 위해 생산하느냐
d. 왜 생산하느냐

1B-7 경제활동이란? ( )

a. 생산과 소비가 되풀이되는 현상
b. 상품을 생산하는 행위
c. 상품을 소비하는 행위
d. 욕망을 통제하는 행위

1B-8 경제주체의 역할이 잘못 서술된 것은? ( )

a. 기업은 상품을 생산하고 공급한다.
b. 가계는 상품을 수요하고 소비한다.
c. 정부는 경제활동을 조정한다.
d. 정부는 생산요소를 공급한다.

1B-9 경제부문의 구성을 잘못 서술한 것은? ( )

a. KT는 민간부문이다.
b. 한전은 민간부문이다.
c. KBS는 공공부문이다.
d. 수출입은 해외부문이다.

1B-10 정부가 추구하는 목표가 아닌 것은? ( )

a. 많이 투입해서 많이 생산한다.
b. 모두에게 골고루 혜택이 돌아가도록 한다.
c. 국가의 물질적 풍요를 증가시킨다.
d. 고용과 물가를 안정시킨다.

02 수요 · 공급의 원리와 가격

02 진위형 문제

옳은 서술에는 O, 틀린 서술에는 X를 표시하시오.

2A-1 가격이 증가하면 수요량도 증가한다. ( )

2A-2 수요곡선은 우하향하는 기울기를 갖는다. ( )

2A-3 수요의 법칙은 가격과 수요량이 서로 반대 방향으로 변한다는 것을 말한다. ( )

2A-4 쌀값이 올라가면 식빵 수요량이 증가한다. ( )

2A-5 식빵의 수요량은 소비자의 소득에 의해서도 영향을 받는다. ( )

2A-6 어떤 상품의 가격이 상승할 때 다른 상품의 수요가 증가하면 이 두 재화는 서로 보완재이다. ( )

2A-7 소득이 증가하면 수요가 감소하는 재화도 있다. ( )

2A-8 인구가 증가하면 수요곡선이 왼쪽으로 이동한다. ( )

2A-9 소득이 증가할 때 수요곡선이 오른쪽으로 이동하는 재화는 열등재이다. ( )

2A-10 소비자들의 소득이 변하면 수요곡선이 이동한다. ( )

2A-11 소비자들의 기호가 변할 때는 수요곡선이 이동하지 않는다. ( )

2A-12 공급곡선은 우하향하는 기울기를 갖는다. ( )

2A-13 가격이 올라가면 공급량도 증가한다. ( )

진위형 문제 02

옳은 서술에는 O, 틀린 서술에는 X를 표시하시오.

2A-14 공급의 법칙은 가격과 공급량이 서로 반대 방향으로 변하는 것을 의미한다. ( )

2A-15 생산원료의 가격이 상승하면 공급이 증가한다. ( )

2A-16 생산기술이 향상되면 공급이 증가한다. ( )

2A-17 생산자의 수가 증가하면 공급곡선이 왼쪽으로 이동한다. ( )

2A-18 어떤 상품의 가격이 오를 것으로 예상되면 현재의 공급곡선은 오른쪽으로 이동한다. ( )

2A-19 공급의 변화란 공급곡선의 이동을 의미한다. ( )

2A-20 개별수요곡선과 개별공급곡선이 만나는 점에서 시장가격과 시장거래량이 정해진다. ( )

2A-21 가격이 균형가격보다 높으면 초과수요가 발생한다. ( )

2A-22 초과공급이 발생하면 가격이 상승한다. ( )

2A-23 쌀값이 상승하면 식빵가격도 상승한다. ( )

2A-24 제빵기술이 향상되고 소비자소득이 상승하면 식빵가격이 올라간다. ( )

02 선택형 문제

옳은 답을 하나씩만 고르시오.

2B-1 어떤 상품의 가격이 상승할 때 나타나는 현상이 아닌 것은? (　　)

a. 그 상품의 수요량이 감소한다.
b. 다른 상품의 수요가 변한다.
c. 다른 상품의 가격이 변한다.
d. 소비자의 소득이 증가한다.

2B-2 수요곡선이 이동하는 요인이 아닌 것은? (　　)

a. 그 상품의 가격이 변한다.
b. 소비자의 소득이 변한다.
c. 인구수가 변한다.
d. 소비자들의 기호가 변한다.

2B-3 다음 서술 중 틀린 것은? (　　)

a. 수요의 법칙은 가격과 수요량은 서로 역의 관계라는 것을 의미한다.
b. 공급의 법칙은 가격과 공급량이 서로 양의 관계라는 것을 의미한다.
c. 소득이 증가할 때 소비가 감소하는 재화는 열등재이다.
d. 가격이 상승할 때 소비량이 감소하는 재화는 열등재이다.

2B-4 쌀값이 올라가면 식빵수요가 증가하는데, 이때 나타날 수 있는 현상이 아닌 것은? (　　)

a. 쌀과 식빵은 서로 대체재이다.
b. 식빵가격이 올라간다.
c. 식빵의 수요곡선이 왼쪽으로 이동한다.
d. 쌀의 수요량이 감소한다.

선택형 문제 02

옳은 답을 하나씩만 고르시오.

2B-5 한국에 국제행사가 많이 유치되어 서양 관광객이 증가하면 나타날 수 있는 현상은? (　　)

a. 식빵가격이 상승한다.
b. 쌀가격이 상승한다.
c. 호텔 숙박료가 하락한다.
d. 우유가격이 하락한다.

2B-6 소비자들의 소득이 증가하면 나타날 수 있는 현상은? (　　)

a. 식빵의 생산기술이 향상된다.
b. 식빵가격이 올라간다.
c. 우유가격이 하락한다.
d. 밀가루가격이 하락한다.

2B-7 쇠고기가격이 올라가면 (　　)

a. 쇠고기 수요곡선이 왼쪽으로 이동한다.
b. 돼지고기 수요곡선이 오른쪽으로 이동한다.
c. 돼지고기가격이 내려간다.
d. 쇠고기 공급곡선이 왼쪽으로 이동한다.

2B-8 공급곡선이 이동하는 요인이 아닌 것은? (　　)

a. 생산원료가격의 하락
b. 생산기술의 향상
c. 그 상품의 미래가격이 상승할 것이라고 예측
d. 소득의 증가

2B-9 라면의 시장공급곡선은 오른쪽으로 이동하고, 시장수요곡선은 왼쪽으로 이동하면 (　　)

a. 라면의 거래량이 증가한다.
b. 소비자의 소득이 증가한다.
c. 자장면가격이 올라간다.
d. 라면가격이 하락한다.

02 선택형 문제

옳은 답을 하나씩만 고르시오.

2B-10 어떤 상품의 균형가격이 2,500원이면 (　　)

a. 2,500원보다 높으면 초과수요가 발생한다.
b. 2,500원보다 낮으면 초과공급이 발생한다.
c. 대체재의 가격이 올라가면 이 상품의 가격은 2,500원보다 높아진다.
d. 보완재의 가격이 올라가면 이 상품의 공급은 증가한다.

2B-11 아래 서술 중 틀린 것은? (　　)

a. 초과공급은 시장가격을 끌어내린다.
b. 초과수요는 시장가격을 끌어올린다.
c. 시장가격이 균형가격보다 높으면 초과공급이 생긴다.
d. 시장가격이 균형가격보다 낮으면 초과공급이 생긴다.

2B-12 생산기술이 향상될 때 나타나는 현상이 아닌 것은? (　　)

a. 그 상품의 가격이 하락한다.
b. 그 상품의 거래량이 증가한다.
c. 대체상품의 가격이 상승한다.
d. 공급곡선이 오른쪽으로 이동한다.

2B-13 어떤 상품의 보완재 수요가 감소하면 이 상품은 (　　)

a. 수요곡선이 오른쪽으로 이동한다.
b. 가격이 상승한다.
c. 공급곡선이 오른쪽으로 이동한다.
d. 시장거래량이 줄어든다.

2B-14 수요곡선과 공급곡선이 모두 오른쪽으로 이동하면 (　　)

a. 이 상품의 시장가격이 상승한다.
b. 이 상품의 시장가격이 하락한다.
c. 대체재의 수요가 증가한다.
d. 이 상품의 시장거래량이 증가한다.

03 가격변화에 대한 수요 및 공급 대응의 민감도

03 진위형 문제

옳은 서술에는 O, 틀린 서술에는 X를 표시하시오.

3A-1 수요의 가격탄력성은 가격이 변할 때 수요량이 얼마나 민감하게 변하느냐를 나타낸다. ( )

3A-2 수요의 가격탄력성이 1이면 가격이 변할 때 그 상품의 수요량은 변하지 않는다. ( )

3A-3 수요의 가격탄력성은 가격변화분에 대한 수요량변화분의 비율로 측정된다. ( )

3A-4 생필품은 가격이 변할 때 수요가 매우 탄력적이다. ( )

3A-5 수요가 가격변화에 완전비탄력적이면 수요곡선은 수평선이 된다. ( )

3A-6 대체상품의 수가 많으면 수요의 가격탄력성이 높다. ( )

3A-7 가격을 올리면 판매수입은 증가한다. ( )

3A-8 장기에는 단기보다 수요의 가격탄력성이 더 높다. ( )

3A-9 소득 중에서 지출비중이 높은 상품은 일반적으로 수요의 가격탄력성이 더 높다. ( )

3A-10 공급의 가격탄력성은 수요의 가격탄력성보다 더 높다. ( )

3A-11 가격이 증가할 때 가격의 증가비율보다 수요량의 증가비율이 더 크면 공급의 가격탄력성이 1보다 크다. ( )

진위형 문제 03

옳은 서술에는 O, 틀린 서술에는 X를 표시하시오.

3A-**12** 가격이 10% 상승할 때 공급이 100% 증가하면 공급의 가격탄력성은 1보다 작다. (　　)

3A-**13** 공급이 완전비탄력적이면 공급곡선은 수직이다. (　　)

3A-**14** 공급곡선이 원점을 통과하면 공급의 가격탄력성은 1이다. (　　)

3A-**15** 초단기에는 공급의 가격탄력성이 0이다. (　　)

3A-**16** 공급곡선의 기울기가 완만해질수록 공급의 가격탄력성은 더 커진다. (　　)

3A-**17** 수요곡선이 비탄력적일수록 조세부과시 소비자의 조세부담이 상대적으로 더 높아진다. (　　)

3A-**18** 가격이 균형가격 이하에서 통제되면 초과공급이 발생한다. (　　)

03 선택형 문제

옳은 답을 하나씩만 고르시오.

3B-1 아래 설명 중 틀린 것은? (   )

a. 수요의 가격탄력성은 가격변화율에 대한 수요량변화율의 비율이다.
b. 동일 수요곡선이라도 측정구간이 달라지면 수요의 가격탄력성이 많이 달라진다.
c. 직선의 공급곡선이 원점보다 높은 가격축을 통과하면 공급의 가격탄력성 값은 1보다 작다.
d. 수요곡선이 수직이면 수요의 가격탄력성 값은 0이다.

3B-2 수요의 가격탄력성 값이 1이면 (   )

a. 판매가격을 인상하면 판매수입이 증가한다.
b. 판매가격을 인하하면 판매수입이 감소한다.
c. 판매가격을 인상해도 판매수입은 변하지 않는다.
d. 판매가격을 변화시키지 않아도 판매수입은 증가한다.

3B-3 수요의 가격탄력성에 대한 다음 서술 중 맞는 것은? (   )

a. 완전탄력적이면 수요곡선이 수직이다.
b. 완전비탄력적이면 수요곡선이 수평이다.
c. 기울기가 가팔라질수록 비탄력적이다.
d. 수요곡선이 쌍곡선 모양이면 탄력성 값은 항상 1이다.

3B-4 수요의 가격탄력성이 높아지는 것과 관계없는 것은? (   )

a. 대체상품의 종류가 많아진다.
b. 소득 중 그 상품에의 지출비중이 더 커진다.
c. 가격변화에 대응하는 기간이 길어진다.
d. 가격이 하락한다.

3B-5 공급곡선이 일정하게 이동하였을 때 가격이 가장 많이 변할 수 있는 경우는? (   )

a. 수요의 가격탄력성이 매우 낮을 때
b. 수요의 가격탄력성이 매우 높을 때
c. 수요곡선이 완만한 기울기를 가질 때
d. 수요의 가격탄력성이 1일 때

선택형 문제 03

옳은 답을 하나씩만 고르시오.

3B-6 공급의 가격탄력성 값이 1이면 (　　)

a. 공급곡선이 직선일 때 원점을 통과한다.
b. 공급곡선이 수직이다.
c. 공급곡선이 수평이다.
d. 공급곡선이 쌍곡선이다.

3B-7 소주에 1병당 10원의 세금을 부과하면 (　　)

a. 공급곡선이 오른쪽으로 이동한다.
b. 세금부담은 모두 소비자에게로 돌아간다.
c. 수요곡선이 탄력적일수록 소주회사의 세금부담 비율이 높아진다.
d. 수요곡선이 왼쪽으로 이동한다.

3B-8 최저임금제에 대한 기술 중 틀린 것은? (　　)

a. 균형임금보다 높은 선에서 정해진다.
b. 실업률을 증대시킨다.
c. 고용량이 감소한다.
d. 노동자 모두에게 혜택이 된다.

3B-9 가격이 10원 올라갈 때 공급량이 100개 증가한다면 (　　)

a. 공급의 가격탄력성이 10이다.
b. 공급의 가격탄력성이 $\frac{1}{10}$이다.
c. 공급의 가격탄력성이 10%이다.
d. 이 정보로는 공급의 가격탄력성 값을 측정할 수 없다.

3B-10 공급의 가격탄력성이 3이면 (　　)

a. 비탄력적이다.
b. 탄력적이다.
c. 단위탄력적이다.
d. 무한탄력적이다.

03 선택형 문제

옳은 답을 하나씩만 고르시오.

3B-11 가격이 10% 하락할 때 (　　　)

a. 수요량이 10% 변하면 총판매수입은 증가한다.
b. 수요량이 10%보다 적게 변하면 총판매수입은 증가한다.
c. 수요량이 10%만큼 변하면 총판매수입은 감소한다.
d. 수요량이 10%보다 적게 변하면 총판매수입은 감소한다.

3B-12 수요곡선이 일정하게 이동할 때, 공급곡선이 비탄력적일수록 (　　　)

a. 가격이 더 많이 변한다.
b. 거래량이 더 많이 변한다.
c. 가격이 더 적게 변한다.
d. 거래량이 변하지 않는다.

3B-13 공급의 가격탄력성이 1.5이면 (　　　)

a. 가격이 20원 증가할 때 공급량이 30개 증가한다.
b. 가격이 20% 증가할 때 공급량이 30% 증가한다.
c. 공급량이 20개 증가할 때 가격이 30원 하락한다.
d. 공급량이 20% 증가할 때 가격이 30% 증가한다.

3B-14 공급의 가격탄력성에 영향을 미치는 요소는? (　　　)

a. 대체재의 수
b. 소득에서 그 상품에 지출하는 금액의 크기
c. 수요의 가격탄력성
d. 가격변화에 공급이 대응하는 시간의 길이

04 상품의 효용과 소비자의 선택

04 진위형 문제

옳은 서술에는 O, 틀린 서술에는 X를 표시하시오.

4A-1 가계(household)는 3대 경제주체 중 하나로 생산활동을 담당하는 경제주체이다. ( )

4A-2 모든 상품에는 효용이 있다. ( )

4A-3 효용의 크기는 순서로만 정할 수 있다. ( )

4A-4 모든 상품은 한계효용이 체감한다. ( )

4A-5 상품의 소비량이 증가해도 총효용은 감소할 수 있다. ( )

4A-6 한계효용이 증가해야 총효용도 증가한다. ( )

4A-7 소비량이 증가하면 총효용은 항상 증가한다. ( )

4A-8 소비자는 주어진 소득제약하에서 총효용을 극대화시키는 방향으로 소비하려고 한다. ( )

4A-9 효용극대화 소비점에서는 한계효용 균등의 법칙이 성립한다. ( )

4A-10 1원의 한계효용이 소비하는 어느 상품에서나 항상 똑같을 때 소비자는 효용극대화 소비점에 도달할 수 있다. ( )

4A-11 $MU_A/P_A < MU_B/P_B$이면 소비지출을 상품 A에서 상품 B로 재배분할 때 소비자의 총효용은 더 증가한다. ( )

4A-12 수요곡선의 기울기가 우하향하는 것은 수요의 법칙 때문이다. ( )

진위형 문제 04

옳은 서술에는 O, 틀린 서술에는 X를 표시하시오.

4A-13 수요의 법칙은 한계효용 체감의 법칙과 한계효용 균등의 법칙으로 설명될 수 있다. (　　)

4A-14 한 상품의 가격이 하락할 때 그 상품의 수요량이 증가하는 것은 소득효과와 대체효과 때문이다. (　　)

3A-15 한 상품의 가격이 하락하면 그 상품의 효용이 증가하기 때문에 그 상품에 대한 수요가 증가한다. (　　)

4A-16 다른 것은 불변인데 한 상품의 가격만 하락하면 소비자의 실질소득이 증가하면서 그 상품의 수요를 증가시킨다. (　　)

4A-17 다른 상품가격은 불변인데 한 상품의 가격이 하락하면 다른 상품의 가격이 상대적으로 더 비싸지기 때문에 그 상품의 수요는 줄고 대신 가격이 하락한 상품을 더 구매하려고 한다. (　　)

4A-18 어떤 상품에도 개별 소비자의 수요곡선이 존재한다. (　　)

4A-19 개별수요곡선과 시장수요곡선은 기울기가 일치한다. (　　)

4A-20 개별수요곡선을 수평으로 합계하면 시장수요곡선이 도출된다. (　　)

4A-21 소비자들은 시장가격이 자기가 생각하였던 가격보다 낮을 때 소비자후생을 누린다. (　　)

4A-22 수요곡선이 탄력적일수록 소비자후생은 커진다. (　　)

4A-23 가격이 하락하면 소비자후생은 증가한다. (　　)

04 선택형 문제

옳은 답을 하나씩만 고르시오.

4B-1 3대 경제주체에 해당하지 않는 것은? (   )

a. 가계
b. 기업
c. 시장
d. 정부

4B-2 다음 서술 중 옳은 것은? (   )

a. 한계효용을 모두 합하면 총효용이 된다.
b. 총효용은 항상 증가한다.
c. 한계효용은 0이 될 수 없다.
d. 총효용은 음(−)이 될 수 없다.

4B-3 소비자의 총효용이 극대화되는 소비점은 언제 달성되는가? (   )

a. 각 상품의 한계효용이 0이 될 때
b. 각 상품에 지출된 1원의 한계효용이 모두 똑같을 때
c. 한계효용과 총효용이 일치할 때
d. 한계효용이 체감할 때

4B-4 한계효용 체감의 법칙과 한계효용 균등의 법칙 때문에 나타날 수 있는 현상은? (   )

a. 소득효과
b. 대체효과
c. 효용극대화
d. 수요의 법칙

4B-5 상품가격이 하락하면 수요량이 증가하는데 그 이유는? (   )

a. 한계효용 체감의 법칙 때문에
b. 소득효과와 대체효과 때문에
c. 한계효용 균등의 법칙 때문에
d. 소비자잉여 때문에

선택형 문제

04

옳은 답을 하나씩만 고르시오.

4B-6 소비자잉여가 커질 수 있는 조건은? (   )

a. 수요곡선이 비탄력적으로 변한다.
b. 시장가격이 상승한다.
c. 공급곡선이 왼쪽으로 이동한다.
d. 수요곡선이 왼쪽으로 이동한다.

4B-7 "상품 A의 효용이 상품 B의 효용보다 높다"라는 말의 경제학적 의미는? (   )

a. A가 소비된다.
b. A가 B보다 선호된다.
c. A가 B보다 더 유용한 상품이다.
d. A는 좋아하는 상품이다.

4B-8 "어떤 상품을 소비자가 더 많이 소비하고 싶어한다"라고 할 때 이 말의 경제학적 의미는? (   )

a. 이 상품의 총효용이 증가한다.
b. 이 상품의 한계효용이 증가한다.
c. 이 상품의 가격이 상승한다.
d. 이 상품의 공급이 증가한다.

4B-9 어떤 상품을 한 단위 더 소비할 때 그 상품의 한계효용은? (   )

a. 불변이다.
b. 음(–)이다.
c. 양(+)이다.
d. 감소한다.

4B-10 소비자가 두 가지 상품을 소비하면서 한 가지 상품은 소비량을 늘리고 다른 한 가지 상품은 소비량을 줄일 때 소비자의 (   )

a. 총효용은 감소한다.
b. 총효용은 증가한다.
c. 총효용은 불변이다.
d. 총효용의 변화는 어떤 방향으로도 나타날 수 있다.

04 선택형 문제

옳은 답을 하나씩만 고르시오.

4B-11 소비자잉여는? ( )

a. 사용가치이다.
b. 교환가치이다.
c. 소비자의 총지출이다.
d. 소비자가 지불하고자 하는 가치와 실제로 지불한 가치의 차이이다.

4B-12 어떤 소비자는 아이스크림이 매우 먹고 싶은데 첫 번째 먹는 아이스크림에 대해서는 500원을 낼 용의가 있고, 두 번째 먹는 아이스크림에 대해서는 400원을, 세 번째 먹는 아이스크림에 대해서는 200원을 낼 용의가 있었다. 그런데 이 소비자는 하나에 200원을 내고 3개를 사먹었다. 이때 이 소비자가 누린 소비자잉여는? ( )

a. 100원
b. 300원
c. 500원
d. 400원

4B-13 한계효용이론으로부터 얻어진 중요한 영감은? ( )

a. 보이지 않는 손
b. 합리성 이론
c. 사용가치와 교환가치
d. 소비자잉여 개념

05 생산의 원리와 생산비이론

05 진위형 문제

옳은 서술에는 O, 틀린 서술에는 X를 표시하시오.

5A-1 농촌의 개별 농가도 기업이다. ( )

5A-2 대학촌의 복사점은 기업이 아니다. ( )

5A-3 기업은 이윤을 추구한다. ( )

5A-4 기업은 소유와 경영형태를 기준으로 개인기업, 동업기업, 회사기업으로 나눌 수 있다. ( )

5A-5 개인기업은 경영에 관한 의사결정이 빠르다. ( )

5A-6 회사기업은 모두 소유와 경영이 분리된다. ( )

5A-7 동업자는 유한책임을 진다. ( )

5A-8 회계법인, 법률회사 등은 동업기업이 많다. ( )

5A-9 회사기업의 수입은 원료대금, 종업원 보수, 부채에 대한 이자, 세금 등으로 쓰이고 남는 부분이 있어야 주주들이 배당을 받을 수 있다. ( )

5A-10 개인기업과 동업기업은 설립자가 모든 자금조달에 책임을 진다. ( )

5A-11 회사기업의 자금은 주식발행으로만 조달된다. ( )

5A-12 소유와 경영이 분리된 회사기업에서는 대리인문제(agency problem)가 나타난다. ( )

05 진위형 문제

옳은 서술에는 O, 틀린 서술에는 X를 표시하시오.

5A-13 총수입에서 명시적 비용을 빼면 경제학적 이윤이 남는다. ( )

5A-14 회계학적 비용은 경제학적 비용보다 크다. ( )

5A-15 정상이윤은 경제학에서 비용으로 본다. ( )

5A-16 정상이윤은 초과이윤보다 크다. ( )

5A-17 단기에는 고정요소와 고정비용이 존재한다. ( )

5A-18 장기에는 모든 요소가 가변적이다. ( )

5A-19 고정요소가 존재할 때는 수확체감의 법칙이 나타난다. ( )

5A-20 *MP*곡선과 *AP*곡선은 역U자 모양을 갖는다. ( )

5A-21 총비용(*TC*)은 고정비용(*FC*)과 가변비용(*VC*)을 합한 값이다. ( )

5A-22 평균고정비용곡선(*AFC*)은 U자 모양을 갖는다. ( )

5A-23 단기평균비용은 장기평균비용보다 낮아질 수 없다. ( )

5A-24 장기평균비용곡선이 올라가면 규모에 대한 보수증가가 나타난다. ( )

5A-25 규모에 대한 보수불변일 때 가장 효율적인 생산규모가 정해진다. ( )

5A-26 기술진보가 일어나면 *LAC*곡선이 상방이동한다. ( )

05 선택형 문제

옳은 답을 하나씩만 고르시오.

5B-1 기업에 대한 서술이라고 볼 수 없는 것은? (   )

a. 이윤을 추구한다.
b. 생산요소를 구입한다.
c. 재화(goods)나 용역(services)을 생산한다.
d. 효용함수를 가진다.

5B-2 개인기업에 해당하지 않는 서술은? (   )

a. 규모가 크다.
b. 이윤은 모두 소유자 몫이 된다.
c. 회사수가 가장 많다.
d. 경영에 대한 의사결정이 빠르다.

5B-3 동업기업에 해당하지 않는 서술은? (   )

a. 전문용역분야에 유리한 기업형태이다.
b. 동업자들은 부채에 대해 유한책임을 진다.
c. 동업자 간에 의견이 다를 때 회사운영이 어려울 수 있다.
d. 창업이 비교적 용이하다.

5B-4 회사기업에 해당하지 않는 서술은? (   )

a. 설립이 어렵다.
b. 소유자와 경영자가 분리될 수 있다.
c. 이중과세의 문제가 있다.
d. 경영권이 거래될 수 없다.

5B-5 회사기업이 자금을 조달할 수 있는 방법은? (   )

a. 회사채 발행, 주식 발행, 차입 모두 가능
b. 차입만 가능
c. 주식 발행만 가능
d. 회사채 발행만 가능

선택형 문제 05

옳은 답을 하나씩만 고르시오.

5B-6 소유와 경영의 분리란? (　　)

a. 주식을 소유하지 않은 사람이 회사의 실질적 지배자가 되는 경우
b. 대주주가 임명한 전문경영인이 회사를 경영하는 경우
c. 주식이 특정 개인에게 집중 소유되어 있는 경우
d. LG전자와 같은 경우

5B-7 명시적 비용에 해당하지 않는 것은? (　　)

a. 원료구입비
b. 인건비
c. 부채에 대한 이자
d. 기회비용

5B-8 다음 서술 중 옳은 것은? (　　)

a. 회계학적 비용은 경제학적 비용보다 크다.
b. 명시적 비용은 암묵적 비용보다 크다.
c. 경제학적 이윤은 초과이윤이다.
d. 정상이윤은 회계학적 비용이다.

5B-9 비용에 관한 다음 서술 중 옳은 것은? (　　)

a. 고정비용은 가변비용보다 크다.
b. 장기에는 모든 비용이 가변비용이다.
c. 평균고정비용은 감소하다가 증가한다.
d. 한계비용은 평균비용보다 크다.

5B-10 수확체감의 법칙은? (　　)

a. 자본이 고정되어 있으면 노동투입이 많아질 때 노동의 생산성이 하락한다.
b. 노동투입량이 많아지면 노동의 한계생산이 음(−)이 된다.
c. *MP*곡선이 *AP*곡선의 아래로 간다.
d. 총생산이 감소하기 시작한다.

05 선택형 문제

옳은 답을 하나씩만 고르시오.

5B-11 단기에는 고정요소가 존재한다. 이 때문에 나타나는 현상이라고 볼 수 없는 것은? (　　)

a. 수확체감의 법칙
b. 계속 하락하는 평균고정비용곡선
c. 고정비용곡선이 수평
d. 생산량의 감소

5B-12 서로 같은 내용끼리 연결된 것은? (　　)

a. 규모의 경제 – 규모의 비경제
b. 규모의 경제 – 규모에 대한 보수감소
c. 규모의 비경제 – 규모에 대한 보수불변
d. 단기평균비용곡선에 대한 포락선 – 장기평균비용곡선

5B-13 다음 서술 중 옳은 것은? (　　)

a. 세금이 인상되면 비용곡선이 아래로 이동한다.
b. 원료가격이 상승하면 비용곡선이 아래로 이동한다.
c. 기술이 향상되면 비용곡선이 아래로 이동한다.
d. 수요가 증가하면 비용곡선이 위로 이동한다.

5B-14 생산량과 총비용 사이의 관계가 아래 표와 같다. 생산량이 4개일 때 평균고정비용은 얼마인가? (　　)

생산량	총생산비
0	40
1	60
2	75
3	88
4	125

a. 10
b. 30
c. 50
d. 60

선택형 문제 05

옳은 답을 하나씩만 고르시오.

5B-15 노동투입량이 1단위일 때의 생산량은 6개이고, 2단위일 때의 생산량은 14개, 3단위일 때는 20개, 4단위일 때는 24개이다. 수확체감의 법칙이 나타나기 시작하는 노동투입량은? (　　)

a. 1단위
b. 2단위
c. 3단위
d. 4단위

5B-16 규모에 대한 보수불변이 나타날 수 있는 상황은? (　　)

a. 모든 요소의 투입량을 증가시켜도 생산량은 변하지 않는다.
b. 장기평균비용곡선이 하락한다.
c. 한계비용곡선이 점점 빠른 속도로 하락한다.
d. 모든 요소의 투입량을 증가시킬 때 같은 비율로 생산량이 증가한다.

06 경쟁이 완벽한 시장에서의 기업행동

06 진위형 문제

옳은 서술에는 O, 틀린 서술에는 X를 표시하시오.

6A-1 완전경쟁기업들은 동질적인(homogeneous) 상품만 생산한다. ( )

6A-2 완전경쟁기업들은 모두 가격순응자(price taker)이다. ( )

6A-3 기업은 이윤을 추구한다. ( )

6A-4 완전경쟁시장에서는 장기적으로 진입과 퇴출이 자유롭게 일어난다. ( )

6A-5 완전경쟁시장의 수요자와 공급자는 항상 시장에 대해 완벽한 정보를 가지고 있다. ( )

6A-6 완전경쟁기업에 대한 수요곡선은 시장가격 수준에서 수평이다. ( )

6A-7 완전경쟁시장의 가격은 기업의 평균수입 및 한계수입과 일치한다. ( )

6A-8 완전경쟁기업의 총수입곡선은 원점으로부터의 직선이며 기울기가 시장가격과 일치한다. ( )

6A-9 완전경쟁시장은 현실세계에서 많이 관찰되는 시장구조이다. ( )

6A-10 완전경쟁시장은 현실시장을 분석하는 기준점이 될 수 있다. ( )

6A-11 완전경쟁기업은 항상 $P=MR$이다. ( )

6A-12 완전경쟁기업은 $P=MR$일 때 이윤을 극대화시킬 수 있다. ( )

진위형 문제

06

옳은 서술에는 O, 틀린 서술에는 X를 표시하시오.

6A-13 완전경쟁기업은 $P=MC$일 때 이윤을 극대화시킬 수 있다. ( )

6A-14 완전경쟁기업은 $P<ATC$이면 손해를 보기 때문에 생산을 중단하는 것이 유리하다. ( )

6A-15 완전경쟁기업은 $P>AVC$이면 손실이 발생해도 단기에는 생산을 계속하는 것이 유리하다. ( )

6A-16 완전경쟁기업은 장기적으로 가장 효율적인 생산규모를 갖는다. ( )

6A-17 완전경쟁기업은 장기균형에서 단위당 생산비가 가장 낮아질 수 있다. ( )

06 선택형 문제

옳은 답을 하나씩만 고르시오.

6B-1 완전경쟁시장에 해당하지 않는 것은? (　　)

a. 판매자수가 무수히 많다.
b. 구매자수가 무수히 많다.
c. 판매자와 구매자는 모두 가격순응자이다.
d. 각 판매자에 대한 수요곡선은 우하향한다.

6B-2 완전경쟁기업에 해당하는 것은? (　　)

a. $P=MR=AR$
b. $P>AR=MR$
c. $P<AR=MR$
d. $P=AR>MR$

6B-3 다음 서술 중 틀리는 것은? (　　)

a. 완전경쟁기업에 대한 수요곡선은 무한탄력적이다.
b. 완전경쟁기업의 총수입곡선은 원점으로부터의 직선이다.
c. 완전경쟁시장에는 신규진입이 불가능하다.
d. 완전경쟁기업의 시장점유율은 매우 미미하다.

6B-4 완전경쟁기업의 이윤극대화 조건이 아닌 것은? (　　)

a. $P=MC$
b. $MR=MC$
c. $P=MR=MC$
d. $P=MR$

6B-5 완전경쟁시장에서 $P>MC$이면? (　　)

a. 생산량을 증대시킬수록 이윤이 증가한다.
b. 생산량을 감소시킬수록 이윤이 증가한다.
c. 가격을 낮출수록 이윤이 증가한다.
d. 가격을 올릴수록 이윤이 증가한다.

선택형 문제

06

옳은 답을 하나씩만 고르시오.

6B-6 완전경쟁기업의 단기균형에 대하여 잘못 서술한 것은? (　　)

a. $P=MC$이면 이윤이 극대화되거나 손실이 극소화된다.
b. 단기균형에서는 이윤만 발생한다.
c. 단기균형에서는 손실도 발생할 수 있다.
d. 단기균형에서는 생산설비를 고정시켜 둔 채 이윤을 극대화시킬 수 있다.

6B-7 완전경쟁기업이 단기적으로 취할 수 있는 행동은? (　　)

a. $AVC<P<ATC$이면 손해가 발생하지만 생산은 계속한다.
b. $P<AVC$이면 손해가 발생하지만 생산은 계속한다.
c. $P<ATC$이면 손해가 생기기 때문에 생산을 중단한다.
d. $P>AVC$이면 항상 이윤이 발생한다.

6B-8 완전경쟁시장의 장기균형에 대한 서술 중 틀린 것은? (　　)

a. 기업이 손해를 보지 않는 선에서 가격이 가장 낮아질 수 있다.
b. 기업이 가장 효율적인 규모에서 생산할 수 있다.
c. 더 이상의 진입이나 퇴출이 일어나지 않는다.
d. 기업은 초과이윤을 번다.

6B-9 완전경쟁시장의 장기균형에 관한 서술 중 옳은 것은? (　　)

a. $P>LAC$이면 퇴출이 일어나면서 새로운 장기균형으로 이동한다.
b. $P<LAC$이면 신규진입이 일어나면서 새로운 장기균형으로 이동한다.
c. $P=MR=MC=SAC=LAC$이면 기업이 장기균형에 도달한다.
d. 기업은 반드시 정상이윤 이상을 번다.

6B-10 정상이윤(normal profits)이란? (　　)

a. 경제학에서는 비용으로 간주된다.
b. 기업으로 하여금 다른 산업으로 떠나지 않도록 하는 만큼의 이윤이다.
c. 완전경쟁기업이 장기균형에서 벌 수 있는 최대이윤이다.
d. 정상이윤은 초과이윤의 일부분이다.

07 경쟁이 불완전한 시장에서의 기업행동

07 진위형 문제

옳은 서술에는 O, 틀린 서술에는 X를 표시하시오.

7A-1 독점시장에는 판매자가 하나만 존재한다. ( )

7A-2 독점자는 자기이윤을 극대화시킬 수 있는 판매량뿐만 아니라 가격까지 직접 정할 수 있다. ( )

7A-3 독점자는 자기가 가격을 정할 수는 있지만 가격을 높이 정하면 수요량이 줄어드는 것은 감수해야 한다. ( )

7A-4 독점자가 가격을 높이면 이윤이 증가한다. ( )

7A-5 독점자가 가격을 높이면 총판매수입이 증가한다. ( )

7A-6 독점자가 가격을 낮추면 이윤이 감소한다. ( )

7A-7 독점자가 가격을 낮추면 총판매수입이 감소한다. ( )

7A-8 독점기업의 수요곡선은 우하향한다. ( )

7A-9 독점에서는 기업판매량이 바로 시장거래량이다. ( )

7A-10 수요가 탄력적이면 가격을 올릴 때 판매수입이 감소한다. ( )

7A-11 수요가 비탄력적이면 가격을 내릴 때 판매수입이 증가한다. ( )

7A-12 진입장벽이 완벽하면 그 시장은 항상 독점이 된다. ( )

07 진위형 문제

옳은 서술에는 O, 틀린 서술에는 X를 표시하시오.

7A-13 시장수요의 범위까지 규모의 경제가 존재하면 그 시장은 자연독점이 된다. ( )

7A-14 독점시장에 진입장벽이 완벽하면 그 시장은 계속 독점이 된다. ( )

7A-15 정부의 인허가권이 독점의 원인이 되기도 한다. ( )

7A-16 독점기업은 항상 $P=MR$이다. ( )

7A-17 독점기업은 $P=MC$일 때 이윤이 극대화된다. ( )

7A-18 독점기업은 $MR=MC$일 때 이윤이 극대화된다. ( )

7A-19 독점기업의 이윤이 극대화될 때는 $P>MR=MC$이다. ( )

7A-20 독점기업은 장기에 단기보다 더 높은 이윤을 번다. ( )

7A-21 독점기업은 장기균형에서의 이윤보다 더 큰 이윤은 벌 수 없다. ( )

7A-22 독점하에서는 소비자의 선택폭이 줄어든다. ( )

7A-23 독점하에서는 가격이 높아지기 때문에 생산량은 더 많아진다. ( )

7A-24 독점하에서는 비효율적인 생산이 일어날 가능성이 높다. ( )

7A-25 독점적 지위를 계속 유지하기 위해서는 여러 형태의 비용이 지불되어야 하기 때문에 자원의 낭비가 발생할 수 있다. ( )

07

진위형 문제

옳은 서술에는 O, 틀린 서술에는 X를 표시하시오.

7A-26 판매기업이 2개 있는 시장은 과점이다. ( )

7A-27 우리나라 맥주시장은 과점이다. ( )

7A-28 우리나라에는 과점시장이 독점시장이나 경쟁시장보다 더 많다. ( )

7A-29 독점기업은 경쟁상대의 광고증대에 전혀 개의치 않는다. ( )

7A-30 한국의 이동통신시장은 경쟁시장이다. ( )

7A-31 과점가격은 항상 독점가격보다 낮다. ( )

7A-32 과점가격은 항상 경쟁가격보다 높다. ( )

7A-33 독점적 경쟁시장에는 기업의 수가 매우 많다. ( )

7A-34 독점적 경쟁기업은 어느 정도의 독점력을 행사한다. ( )

7A-35 독점적 경쟁기업의 수요곡선은 독점기업의 수요곡선보다 비탄력적이다. ( )

7A-36 독점적 경쟁기업은 제품차별화를 추구한다. ( )

7A-37 독점적 경쟁기업은 단기에 초과이윤을 벌 수 있다. ( )

7A-38 독점적 경쟁기업은 장기적으로 초과이윤을 벌 수 없다. ( )

선택형 문제 07

옳은 답을 하나씩만 고르시오.

7B-1 독점의 특성에 해당하지 않는 것은? (　　)

a. 판매자가 하나다.
b. 판매자는 가격설정자이다.
c. 가격은 한계수입과 일치한다.
d. 수요곡선은 우하향한다.

7B-2 자연독점(natural monopoly)에 대한 서술 중 옳은 것은? (　　)

a. 판매자가 생산원료를 독점하기 때문에 생기는 독점이다.
b. 생산규모가 커질수록 단위당 생산비가 계속 낮아지기 때문에 한 기업만이 영업하는 것이 유리한 산업의 독점이다.
c. 정부가 신규진입을 불허하기 때문에 생기는 독점이다.
d. 여러 기업들이 경쟁을 거친 결과 최종 승자에 의해 만들어진 독점이다.

7B-3 완전경쟁과 독점이 잘못 비교된 것은? (　　)

a. 완전경쟁기업은 가격순응자인데 독점기업은 가격설정자이다.
b. 완전경쟁기업은 수평적인 수요곡선을 가지나 독점기업은 우하향하는 수요곡선을 가진다.
c. 완전경쟁기업에게는 $P=MR$이지만 독점기업에게는 $P>MR$이다.
d. 완전경쟁기업은 어느 경우에도 초과이윤을 벌 수 없으나 독점기업은 항상 초과이윤을 벌 수 있다.

7B-4 독점기업의 가격결정에 대해 옳게 서술한 것은? (　　)

a. 독점기업은 자기가 직접 시장가격을 정할 수는 있으나 가격을 높이면 수요가 줄고 가격을 낮추면 수요가 는다.
b. 독점기업은 자기가 직접 시장가격을 정할수 있는데 가격을 높게 책정할수록 판매수입은 늘어난다.
c. 독점기업은 자기가 직접 시장가격을 정할수 있는데 가격을 낮게 책정할수록 판매수입은 줄어든다.
d. 독점기업은 자기가 직접 시장가격을 정할 수 있는데 판매수입은 어느 가격수준에서나 항상 일정하다.

07 선택형 문제

옳은 답을 하나씩만 고르시오.

7B-5 독점기업의 이윤에 대해 옳게 서술한 것은? (　　)

a. 독점기업은 신규진입 때문에 장기적으로 초과이윤을 벌 수 없다.
b. 독점기업은 장기적으로 정상이윤만 번다.
c. 독점기업은 장기보다 단기에 더 큰 이윤을 벌 수 있다.
d. 독점기업은 단기보다 장기에 더 큰 이윤을 벌 수 있다.

7B-6 독점의 폐해라고 볼 수 있는 것은? (　　)

a. 가격은 높아지고 생산량은 줄어든다.
b. 비효율성이 나타날 가능성이 높다.
c. 기술진보가 지연된다.
d. 소비자의 선택폭이 좁아진다.

7B-7 과점의 특성이라고 볼 수 없는 것은? (　　)

a. 기업수가 소수이다.
b. 항상 높은 이윤을 번다.
c. 기업 간에 대립적 경쟁관계가 성립한다.
d. 경쟁가격보다는 높아질 가능성이 있다.

7B-8 과점가격에 대한 서술에 해당하지 않는 것은? (　　)

a. $MR=MC$ 조건이 충족되도록 가격이 정해진다.
b. 독점가격만큼 높아질 수도 있다.
c. 경쟁가격만큼 낮아질 수도 있다.
d. 독점가격과 경쟁가격의 중간에 정해질 수도 있다.

7B-9 독점경쟁시장의 특성으로 볼 수 없는 것은? (　　)

a. 기업수가 많다.
b. 수요곡선이 독점보다 비탄력적이다.
c. 제품차별화가 이루어진다.
d. 독점적 요소와 경쟁적 요소가 동시에 존재한다.

선택형 문제

07

옳은 답을 하나씩만 고르시오.

7B-10 독점적 경쟁기업의 장기균형에 해당하지 않는 것은? ( )

a. 진입이나 퇴출이 더 이상 일어나지 않는다.
b. 기업은 정상이윤만 번다.
c. MR=MC 조건이 충족된다.
d. 기업에 따라 초과이윤의 크기가 달라진다.

7B-11 한 기업만이 공급할 때 평균생산비가 가장 낮아지는 산업을 무엇이라고 부르는가? ( )

a. 규제독점산업
b. 자연독점산업
c. 순수독점산업
d. 법적 독점산업

7B-12 독점기업이 10개를 판매할 때 양의 이윤을 버는데 이때 MR=6만 원이고, MC=4만 원이다. 독점기업은 어떻게 행동할까? ( )

a. 이 독점기업은 균형에 도달해 있다.
b. 이 독점기업은 생산량을 증가시킨다.
c. 이 독점기업은 생산량을 감소시킨다.
d. 이 독점기업은 가격을 낮춘다.

7B-13 독점적 경쟁모델을 개발한 경제학자는? ( )

a. Edward Chamberlin
b. Alfred Marshall
c. Milton Friedman
d. Adam Smith

7B-14 과점시장에서 기업의 수가 매우 적다는 것으로부터 판단될 수 있는 것은? ( )

a. 과점은 본질적으로 독점과 동일하다.
b. 과점은 궁극적으로 경쟁으로 귀착된다.
c. 과점은 궁극적으로 독점으로 귀착된다.
d. 각 기업은 자기 자신과 상대의 시장지배력을 인정하지 않을 수 없다.

08 생산요소의 조달

08 진위형 문제

옳은 서술에는 O, 틀린 서술에는 X를 표시하시오.

8A-1 자본과 노동은 본원적 생산요소이다. ( )

8A-2 기업가정신(entrepreneurship)도 생산요소이다. ( )

8A-3 생산요소에 대해서는 기업들이 수요자이다. ( )

8A-4 공장과 기계 등과 같은 물리적 자본이 생산에 직접 사용되는 생산요소이지만 일반적으로는 이를 조달하기 위한 화폐자금을 자본이라는 생산요소로 부른다. ( )

8A-5 기업의 자본은 주식 발행, 회사채 발행, 차입 등으로 조달된다. ( )

8A-6 생산요소는 생산요소시장에서 수요 · 공급의 원리에 의해 그 가격이 정해진다. ( )

8A-7 토지는 생산요소가 아니다. ( )

8A-8 노동의 *VMP*(value of marginal product)는 노동공급을 결정하는 중요 요소이다. ( )

8A-9 노동의 *VMP*는 노동의 *MP*(marginal product)와 생산물의 시장 가격에 의해 정해진다. ( )

8A-10 임금이 *VMP*와 같아지면 노동을 더 고용하는 것이 유리하다. ( )

8A-11 노동수요곡선은 노동의 *MP* 곡선과 일치한다. ( )

진위형 문제 08

옳은 서술에는 O, 틀린 서술에는 X를 표시하시오.

8A-12 임금이 하락하면 노동수요량이 많아진다. ( )

8A-13 수확체감의 법칙 때문에 노동수요곡선은 우하향한다. ( )

8A-14 노동의 개별수요곡선은 우하향하지만 노동의 시장수요곡선은 우상향한다. ( )

8A-15 노동자는 임금을 기초로 노는 것(leisure)과 일하는 것(working) 사이에서 선택을 한다. ( )

8A-16 임금이 높아지면 노는 시간은 줄이고 일하는 시간은 늘린다. ( )

8A-17 노동공급곡선은 우하향한다. ( )

8A-18 임금은 노동의 한계생산력과는 무관하다. ( )

8A-19 노동의 시장수요곡선과 시장공급곡선이 교차하는 점에서 균형임금이 결정된다. ( )

8A-20 현실임금이 균형임금보다 높으면 실업이 발생한다. ( )

8A-21 실업이 발생하면 임금은 올라간다. ( )

8A-22 노동의 한계생산(MP)이 커지면 균형임금은 올라간다. ( )

8A-23 상품가격이 올라가면 균형임금은 하락한다. ( )

08 진위형 문제

옳은 서술에는 O, 틀린 서술에는 X를 표시하시오.

8A-24 노동 그 자체는 거래될 수 없고 노동서비스만 거래될 수 있다. ( )

8A-25 노동조합은 임금을 높이고 실업률을 높이는 경향이 있다. ( )

8A-26 기술진보가 일어나면 이자율이 낮아진다. ( )

8A-27 저축을 많이 하면 이자율이 낮아진다. ( )

선택형 문제 08

옳은 답을 하나씩만 고르시오.

8B-1 생산요소는 ( )

a. 기업이 공급자이고 가계가 수요자이다.
b. 가계가 수요자이고 기업이 공급자이다.
c. 정부가 공급자이고 기업이 수요자이다.
d. 가계가 공급자이고 기업이 수요자이다.

8B-2 생산요소에 해당하지 않는 것은? ( )

a. 자본
b. 노동
c. 토지
d. 화폐

8B-3 생산요소에 대한 설명 중 잘못된 것은? ( )

a. 자본과 노동이 본원적 생산요소에 해당한다.
b. 생산요소의 투입량에 따라 산출물의 양도 변한다.
c. 생산요소를 많이 사용할수록 기업에게 유리하다.
d. 기업가정신도 생산요소에 해당한다.

8B-4 생산요소와 생산요소에 대한 보수를 잘못 짝지운 것은? ( )

a. 자본 – 이자
b. 시장 – 이윤
c. 노동 – 임금
d. 토지 – 지대

8B-5 노동에 대한 다음 서술 중 옳지 않은 것은? ( )

a. 임금이 고정되어 있으면 기업은 노동을 더 많이 고용할수록 유리하다.
b. 기업은 이윤을 극대화시킬 수 있는 선에서 노동투입량을 정한다.
c. 노동의 한계생산물을 시장가치로 환산한 값이 노동의 한계생산물가치(*VMP*)이다.
d. 생산물의 가격이 올라가면 노동의 *VMP*도 증가한다.

08 선택형 문제

옳은 답을 하나씩만 고르시오.

8B-6 노동시장에서 균형임금은 30만 원이다. 다음 중 옳은 서술은? (　　)

a. 노동의 VMP가 25만 원이면 기업은 노동투입을 증가시키는 것이 유리하다.
b. 노동의 VMP가 35만 원이면 기업은 노동투입을 증가시키는 것이 유리하다.
c. 노동의 VMP가 40만 원이면 기업은 노동투입량을 감소시키는 것이 유리하다. (　　)
d. 노동의 VMP가 10만 원이면 기업은 기업투입량을 변화시키지 않는 것이 유리하다.

8B-7 개별 기업의 노동수요곡선에 대한 설명 중 옳은 것은? (　　)

a. VMP곡선과 노동수요곡선은 서로 일치한다.
b. MP곡선과 노동수요곡선은 서로 일치한다.
c. 개별 기업의 노동수요곡선과 시장수요곡선은 서로 일치한다.
d. 임금이 오르면 노동수요량도 증가한다.

8B-8 VMP곡선에 대한 설명 중 잘못된 것은? (　　)

a. VMP곡선은 우하향한다.
b. 생산물가격이 오르면 VMP곡선은 오른쪽으로 이동한다.
c. 임금이 오르면 VMP곡선은 왼쪽으로 이동한다.
d. 생산기술이 향상되면 VMP곡선은 오른쪽으로 이동한다.

8B-9 다음 어느 조건이 충족되었을 때 기업은 이윤극대화 고용량이 달성되는가? (　　)

a. $VMP=W$
b. $MP=W$
c. $VP=W$
d. $MR=MC$

선택형 문제

08

옳은 답을 하나씩만 고르시오.

8B-10 노동공급에 대한 설명 중 잘못된 것은? (　　)

a. 노동자는 여가시간을 줄여야 노동공급량을 늘릴 수 있다.
b. 임금이 오르면 여가시간을 줄이고 일하는 시간을 늘린다.
c. 임금이 변하면 노동공급량이 변한다.
d. 기업은 $VMP=W$ 조건이 충족되는 점에서 노동공급량을 정한다.

8B-11 노동공급곡선에 대한 다음 서술 중 잘못된 것은? (　　)

a. 개별노동공급곡선이 모여서 시장노동공급곡선이 만들어진다.
b. 개별노동공급곡선과 시장노동공급곡선은 우상향한다.
c. 임금이 올라가면 시장의 노동공급량은 증가한다.
d. 노동공급곡선은 항상 무한탄력적이다.

8B-12 노동의 균형임금에 대한 설명 중 틀린 것은? (　　)

a. 노동의 시장수요곡선과 시장공급곡선이 교차하는 점에서 정해진다.
b. 노동조합은 균형임금에 집착한다.
c. 노동의 한계생산력이 커지면 균형임금이 올라간다.
d. 산출물의 시장가격이 올라가면 균형임금이 올라간다.

8B-13 자본시장을 가장 잘 설명한 것은? (　　)

a. 가계의 여유자금이 자본시장의 공급을 만들고 기업의 투자가 자본시장의 수요를 만든다.
b. 기업의 초과이윤이 자본시장의 공급이고 노동의 임금이 자본시장의 수요이다.
c. 자본의 공급곡선은 우하향이고 자본의 수요곡선은 우상향이다.
d. 국민의 저축이 증가하면 자본의 수요곡선이 오른쪽으로 이동한다.

09 시장일까, 정부일까

09 진위형 문제

옳은 서술에는 O, 틀린 서술에는 X를 표시하시오.

9A-1 모든 경제문제는 시장을 통해서 완벽하게 해결되고 있다. ( )

9A-2 시장을 통한 가격만이 생산과 소비를 최적수준으로 만들어 준다. ( )

9A-3 시장실패는 정부실패와 같은 개념이다. ( )

9A-4 시장은 불완전하기 때문에 정부개입이 필요하다. ( )

9A-5 정부개입이 상황을 더 나쁘게 만들 수도 있다. ( )

9A-6 공해는 시장실패의 한 사례이다. ( )

9A-7 정부가 나서면 공해문제는 완벽히 해결될 수 있다. ( )

9A-8 시장도 불완전하고 정부도 불완전하다. ( )

9A-9 공공재는 시장을 통해 과잉공급되는 것이 문제이다. ( )

9A-10 자연독점은 시장실패의 한 사례이다. ( )

9A-11 소비의 비경합성은 사용료를 지불하지 않고는 소비할 수 없다는 의미이다. ( )

9A-12 소비의 비배제성은 비용을 지불하지 않고는 소비를 배제시킬 수 없다는 의미이다. ( )

진위형 문제

09

옳은 서술에는 O, 틀린 서술에는 X를 표시하시오.

9A-13 공공재는 시장실패의 사례가 될 수 없다. (　　)

9A-14 가로등은 공공재이다. (　　)

9A-15 공공재는 많은 양을 정부가 공급한다. (　　)

9A-16 임금이 낮아지면 자본가의 소득이 줄어든다. (　　)

9A-17 기능적 소득분배와 계층적 소득분배는 서로 연관되어 있다. (　　)

9A-18 분배는 균등해질수록 좋다. (　　)

9A-19 로렌츠곡선이 아래로 처질수록 공평한 분배가 된다. (　　)

9A-20 로렌츠곡선이 대각선에 가까워질수록 공평한 분배가 된다. (　　)

9A-21 정부의 소득재분배정책은 공평분배를 위한 정책이다. (　　)

9A-22 정부의 소득재분배정책은 경제효율성을 해칠 수 있다. (　　)

9A-23 효율성이 향상되면 형평성은 개선된다. (　　)

9A-24 정부개입이 많아지면 공공부문이 커진다. (　　)

9A-25 시장실패는 공공부문을 증대시키는 요인이다. (　　)

09 진위형 문제

옳은 서술에는 O, 틀린 서술에는 X를 표시하시오.

9A-26 공평과세를 위해서는 편익의 원칙과 능력의 원칙을 따라야 한다. (   )

9A-27 정치적 시장의 참여자는 유권자, 정치인, 이익집단, 정부관료 등이다. (   )

9A-28 공공선택은 정치적 시장을 통해 이루어진다. (   )

선택형 문제

09

옳은 답을 하나씩만 고르시오.

9B-1 시장실패에 관한 다음 서술 중 옳은 것은? (　　)

a. 모든 재화와 용역은 시장을 통해서만 적정량으로 생산되고 소비된다.
b. 시장실패는 정부가 완벽하게 교정해 줄 수 있다.
c. 시장을 통해 이루어지는 소득분배는 가장 공평한 소득분배이다.
d. 시장은 완벽할 수 없고 정부도 완벽할 수 없다.

9B-2 정부가 시장에 개입하는 이유는? (　　)

a. 시장실패가 일어나기 때문이다.
b. 정부는 시장보다 우월하기 때문이다.
c. 정부실패가 일어나기 때문이다.
d. 공공선택이 중요하기 때문이다.

9B-3 공해에 대한 다음 서술 중 잘못된 것은? (　　)

a. 시장을 통해 보상이 이루어지지 않는다.
b. 외부효과이다.
c. 정부개입이 필요하다.
d. 무임승차문제가 발생한다.

9B-4 공공재에 대한 다음 서술 중 옳지 않은 것은? (　　)

a. 소비의 비경합성이 존재한다.
b. 소비의 비배제성이 존재한다.
c. 과잉생산되는 경향이 있다.
d. 정부개입이 필요한 재화이다.

9B-5 정부개입이 요구되지 않는 시장은? (　　)

a. 교육
b. 쌀
c. 전기
d. 보건

09 선택형 문제

옳은 답을 하나씩만 고르시오.

9B-6 **정부가 소득재분배정책을 실시하는 이유는?** ( )

a. 공평분배가 필요하기 때문이다.
b. 균등분배가 필요하기 때문이다.
c. 자본소득이 너무 높기 때문이다.
d. 노동소득이 너무 높기 때문이다.

9B-7 **소득재분배정책이 실시되면?** ( )

a. 효율성은 향상되지만 형평성은 나빠질 수 있다.
b. 형평성은 개선되지만 효율성은 나빠질 수 있다.
c. 형평성과 효율성 모두가 개선된다.
d. 형평성과 효율성 모두가 나빠진다.

9B-8 **시장실패가 많고 정부개입이 늘어나면 나타날 수 있는 현상은?** ( )

a. 민간부문이 커지고 공공부문이 작아진다.
b. 민간부문이 커지고 정부지출이 늘어난다.
c. 공공부문이 커지고 정부지출이 늘어난다.
d. 민간부문과 공공부문 모두 커진다.

9B-9 **공공선택이 이루어지는 과정은?** ( )

a. 민간부문의 작용을 거쳐서
b. 공공부문의 작용을 거쳐서
c. 투표를 거쳐서
d. 정치적 시장을 거쳐서

10 국가경제와 국민생활

10 진위형 문제

옳은 서술에는 O, 틀린 서술에는 X를 표시하시오.

10A-1 국가경제는 국내부문과 해외부문으로도 구분할 수 있다. ( )

10A-2 해외부문은 국내에서의 생산과 소비를 해외에서의 생산과 소비로 연결시키는 부문이다. ( )

10A-3 거시경제의 흐름은 경제순환모형으로 표현될 수 있다. ( )

10A-4 국가경제는 크게 기업 · 가계 · 정부 · 해외부문으로 나눌 수도 있다. ( )

10A-5 물가문제는 미시경제학의 영역이다. ( )

10A-6 실업문제는 거시경제학의 영역이다. ( )

10A-7 인플레이션율은 미시경제변수이다. ( )

10A-8 경제성장률은 미시경제변수이다. ( )

10A-9 실업이 감소하여도 인플레이션이 나타나면 국민생활은 어려워질 수 있다. ( )

10A-10 과도한 경제활성화는 초과수요를 유발하여 인플레이션을 야기할 수 있다. ( )

10A-11 총수요곡선과 총공급곡선이 교차하는 점에서 균형실업률이 정해진다. ( )

10A-12 총수요가 증가하면 실업률이 증가한다. ( )

10A-13 총공급이 증가하면 실업률이 증가한다. ( )

10A-14 거시경제의 균형은 총수요와 총공급이 교차하는 점에서 달라진다. ( )

진위형 문제 10

옳은 서술에는 O, 틀린 서술에는 X를 표시하시오.

10A-15 경기변동의 한 주기에서 경기확장시는 불황이 나타난다. (　)

10A-16 경기변동의 한 주기에서 경기침체시에는 물가가 올라간다. (　)

10A-17 경기변동의 폭을 줄여 추세성장에 맞추려는 정책을 경기안정화 정책이라고 한다. (　)

10A-18 2중계산을 피하기 위해 중고품이나 중간재는 GDP 계산에 포함시키지 않는다. (　)

10A-19 GDP는 그 나라의 사회후생수준을 나타낸다. (　)

10A-20 GDP는 반드시 화폐액으로 계산된다. (　)

10A-21 GDP의 지출접근법에 의하면 GDP=C+I+G+($EX-IM$)이 성립된다. (　)

10A-22 GDP의 소득접근법에 의하면 GDP=국민소득+감가상각+순조세+순해외지불이 성립된다. (　)

10A-23 GDP디플레이터는 물가지수 역할을 한다. (　)

10A-24 명목GDP는 항상 증가한다. (　)

10A-25 실질GDP는 항상 증가한다. (　)

10A-26 국가의 소비지출에 영향을 미치는 소득은 가처분소득(DI)이다. (　)

10A-27 1인당 GDP가 높은 나라일수록 행복하게 사는 나라이다. (　)

10 선택형 문제

옳은 답을 하나씩만 고르시오.

10B-1 국가 전체를 하나의 경제단위로 보았을 때 제기되는 거시경제문제에 해당하지 않는 것은? (　　)

a. 실업
b. 인플레이션
c. 불황
d. 파업

10B-2 미시경제학과 거시경제학의 차이에 해당하지 않는 것은? (　　)

a. 미시경제학은 개별 경제주체가 분석단위이고 거시경제학은 국가경제가 분석단위이다.
b. 미시경제학에서는 개별 상품의 가격을 다루지만 거시경제학에서는 국가 전체의 물가수준을 다룬다.
c. 미시경제학은 국내부문을 다루지만 거시경제학은 해외부문을 다룬다.
d. 미시경제학에서는 개별 소비자의 소득이 중요 변수이지만 거시경제학에서는 국가 전체의 소득이 중요 변수이다.

10B-3 국가경제의 순환모형에서 생산과 소비의 전체 규모가 커지는 현상은? (　　)

a. 경제성장
b. 수요증가
c. 공급증가
d. 고용증가

10B-4 국가경제 전체를 분석단위로 하였을 때 사용되는 개념에 해당하지 않는 것은? (　　)

a. 총수요(aggregate demand)
b. 총공급(aggregate supply)
c. GDP
d. 이윤

선택형 문제 10

옳은 답을 하나씩만 고르시오.

10B-5 **경기변동에 대한 설명 중 옳은 것은?** (　　)

a. 국가경제는 장기적으로 추세성장을 따라가면서 호황과 불황을 되풀이한다.
b. 호황시에는 물가가 하락한다.
c. 불황시에는 물가가 상승한다.
d. 호황시에는 경기안정화 정책이 필요없다.

10B-6 **GDP란** (　　)

a. 일정 기간에 생산된 부가가치 합계액이다.
b. 일정 기간에 거래된 모든 재화와 용역의 총량이다.
c. 일정 기간에 생산된 재화의 총량이다.
d. 일정 기간에 생산된 용역의 총량이다.

10B-7 **GDP디플레이터에 대한 설명 중 틀린 것은?** (　　)

a. 실질GDP에 대한 명목GDP의 비율이다.
b. 항상 1보다 큰 값이다.
c. 기준연도는 1이다.
d. 물가수준을 나타내는 지수이다.

10B-8 **국민소득의 여러 개념 중 잘못 설명된 것은?** (　　)

a. GDP는 국내에서 이루어진 생산만을 계산한다.
b. GDP와 GNP는 같은 개념이다.
c. PI는 국민 개개인이 버는 소득에 해당한다.
d. DI는 국민 개개인이 소비할 수 있는 소득에 해당한다.

11 국민소득의 결정과 정부의 재정지출

11 진위형 문제

옳은 서술에는 O, 틀린 서술에는 X를 표시하시오.

11A-1 소비와 투자는 국민소득의 크기를 정하는 중요한 변수이다. ( )

11A-2 국민소득은 소비와 저축으로 구성된다. ( )

11A-3 국민저축은 금융시장으로 흘러가 기업의 투자재원으로 사용된다. ( )

11A-4 국민소득 중 세금을 뺀 부분은 투자에 사용된다. ( )

11A-5 소비지출의 크기는 가처분소득에 의해 정해지기 때문에 소비함수는 가처분소득의 함수이다. ( )

11A-6 한계소비성향은 소득증가분에 대한 소비증가분의 비율이다. ( )

11A-7 한계소비성향은 1보다 크다. ( )

11A-8 한계소비성향이 커지면 한계저축성향도 커진다. ( )

11A-9 한계저축성향이 커지면 균형국민소득이 커진다. ( )

11A-10 소비함수와 저축함수를 합하면 1이다. ( )

11A-11 한계소비성향과 한계저축성향을 합하면 1이다. ( )

11A-12 소비함수는 기울기가 한계소비성향인 직선이다. ( )

11A-13 한계저축성향은 소비증가분에 대한 저축증가분의 비율이다. ( )

진위형 문제

11

옳은 서술에는 O, 틀린 서술에는 X를 표시하시오.

11A-14 소비함수가 $C=100+0.7Y$이면 한계저축성향은 7이다. (　　)

11A-15 $Y=C+S$이다. (　　)

11A-16 민간투자는 민간기업들이 정한다. (　　)

11A-17 정부지출은 민간투자의 부족분을 채워 주는 역할을 한다. (　　)

11A-18 투자함수와 정부지출함수는 모두 수평으로 그려진다. (　　)

11A-19 정부지출은 국민소득의 크기를 정하는 중요한 정책변수이다. (　　)

11A-20 국민경제의 총지출(E)은 $AE=C+I+G+(EX-IM)$으로 구성된다. (　　)

11A-21 총지출이 커지면 균형국민소득은 줄어든다. (　　)

11A-22 균형국민소득은 $Y=E$일 때 정해진다. (　　)

11A-23 $E>Y$이면 국민소득은 증가한다. (　　)

11A-24 해외부문을 고려하지 않으면 $S+T=I+G$일 때 균형국민소득이 달성된다. (　　)

11A-25 $T=G$이면 재정균형이 달성된다. (　　)

11A-26 정부지출을 늘리면 국민소득은 줄어든다. (　　)

11 진위형 문제

옳은 서술에는 O, 틀린 서술에는 X를 표시하시오.

11A-27 세금을 늘리면 국민소득은 증가한다. (   )

11A-28 소비가 증가하면 국민소득은 감소한다. (   )

11A-29 정부지출을 변화시켜 국민소득수준을 조정할 때 이를 재정정책이라고 한다. (   )

11A-30 투자가 증가하면 국민소득은 이보다 더 많이 증가하는데 이를 승수효과라고 한다. (   )

11A-31 정부지출을 증가시키면 투자는 승수배만큼 증가한다. (   )

11A-32 해외부문을 포함하였을 때 균형국민소득이 달성되는 조건은 $EX=IM$ 이다. (   )

11A-33 국내에서 생산되고 외국에서 소비되는 것이 수입이다. (   )

11A-34 외국에서 생산되고 국내에서 소비되는 것이 수출이다. (   )

선택형 문제 11

옳은 답을 하나씩만 고르시오.

11B-1 국민소득은 어떻게 사용되는가? (　　)

a. 세금내고 소비지출하고 남는 부분은 저축한다.
b. 저축하고 남는 부분은 소비한다.
c. 저축하고 남는 부분은 투자한다.
d. 세금내고 남는 부분은 저축한다.

11B-2 한계소비성향에 대해 옳게 서술한 것은? (　　)

a. 가처분소득의 증가분에 대한 소비증가분의 비율이다.
b. 가처분소득 중에서 소비가 차지하는 비중이다.
c. 항상 1보다 큰 값을 가진다.
d. 저축 중에서 소비가 차지하는 비중이다.

11B-3 소비와 저축에 관한 다음 서술 중 잘못된 것은? (　　)

a. 가처분소득의 증가분 중 소비하고 남는 부분은 저축한다.
b. 한계저축성향은 1보다 작다.
c. 가처분소득의 증가분은 소비증가분과 저축증가분으로 나누어질 수 있다.
d. 한계소비성향과 한계저축성향을 합하면 1보다 크다.

11B-4 소비함수에 대한 설명 중 옳은 것은? (　　)

a. 소득이 0이면 소비도 0이다.
b. 가처분소득의 함수로 표현된다.
c. 소비는 저축의 함수이다.
d. 한계소비성향은 소득의 함수이다.

11B-5 한계소비성향과 한계저축성향에 관한 서술 중 옳은 것은? (　　)

a. 한계소비성향과 한계저축성향의 합은 1이다.
b. 한계소비성향과 한계저축성향의 합은 1보다 크다.
c. 한계소비성향과 한계저축성향의 합은 1보다 작다.
d. 한계소비성향은 한계저축성향보다 크다.

11 선택형 문제

옳은 답을 하나씩만 고르시오.

11B-6 다음 서술 중 옳은 것은? (　　)

a. 저축함수는 1−소비함수이다.
b. 소비함수는 직선으로 그려지는데 기울기는 한계소비 성향과 일치한다.
c. 소비함수와 저축함수를 합하면 1이다.
d. 저축함수는 원점으로부터 직선으로 그려진다.

11B-7 투자에 관한 설명 중 옳은 것은? (　　)

a. 투자는 가처분소득의 함수이다.
b. 계획된 투자는 실제투자와 항상 일치한다.
c. 계획된 투자는 가처분소득의 함수가 아니다.
d. 투자에는 재고투자는 포함되지 않는다.

11B-8 정부지출의 성격은? (　　)

a. 정부의 조세수입 내에서 이루어진다.
b. 정부의 조세수입과 항상 일치한다.
c. 정부가 경제활동을 수행하기 위해 지출하는 금액으로 가처분소득의 함수는 아니다.
d. 정부가 경제활동을 수행하기 위해 지출하는 금액으로 가처분소득의 함수이다.

11B-9 국민경제 총지출(aggregate expenditure)에 대한 설명 중 옳은 것은? (　　)

a. 해외부문을 고려하지 않을 때는 소비지출(C), 투자지출(I), 정부지출(G)로 구성된다.
b. 민간부문의 지출총액을 의미한다.
c. 공공부문의 지출총액을 의미한다.
d. 해외부문의 지출총액을 의미한다.

선택형 문제

11

옳은 답을 하나씩만 고르시오.

11B-10 균형국민소득이 달성될 수 있는 조건에 해당하지 않는 것은? (　　)

a. $Y=E$
b. $C+I+G=Y$
c. $S+T=I=G$
d. $T=G$

11B-11 균형국민소득이 900이고 소비함수가 $C=100+0.75(Y-T)$이면 (　　)

a. $G=T=100$일 때 $S=100$이다.
b. $G=T=100$일 때 $C=800$이다.
c. $G=T=100$일 때 $I=200$이다.
d. $G=T=100$일 때 총지출은 1,000이다.

11B-12 다음 서술 중 틀린 것은? (　　)

a. $E>Y$이면 국민소득은 Y로부터 증가한다.
b. $E<Y$이면 국민소득은 Y로부터 감소한다.
c. $E=Y$이면 국민소득은 Y에서 변하지 않는다.
d. $E=Y$이면 지출이 증가한다.

11B-13 다음 서술 중 옳지 않은 것은? (　　)

a. 민간투자가 증가하면 균형국민소득이 증가한다.
b. 정부지출이 증가하면 균형국민소득이 증가한다.
c. 저축이 증가하면 균형국민소득이 증가한다.
d. 민간소비가 증가하면 균형국민소득이 증가한다.

11B-14 다음 서술 중 옳은 것은? (　　)

a. 민간투자가 증가하지 않으면 정부가 지출을 증가시켜서 고용을 창출하는데 이를 재정정책이라고 한다.
b. 민간투자를 증가시키면 같은 양만큼 국민소득이 증가한다.
c. 정부지출을 증가시키면 같은 양만큼 국민소득이 증가한다.
d. 세금을 증가시키면 같은 양만큼 국민소득이 증가한다.

11 선택형 문제

옳은 답을 하나씩만 고르시오.

11B-15 승수에 관한 서술 중 옳지 않은 것은? (   )

a. 투자를 증가시키면 증가분의 승수배만큼 국민소득이 증가한다.
b. 정부지출을 증가시키면 증가분의 승수배만큼 국민소득이 증가한다.
c. 승수는 투자에 대한 소득의 비율이다.
d. 승수는 1보다 크다.

11B-16 해외부문이 포함되어 있을 때 균형국민소득이 달성될 수 있는 조건은? (   )

a. $Y=C+I+G+(EX-IM)$
b. $E=C+I+G+(EX-IM)$
c. $I=S$
d. $I+G=S+T$

12 화폐와 국민소득

12 진위형 문제

옳은 서술에는 O, 틀린 서술에는 X를 표시하시오.

12A-1 돈은 지폐와 동전만을 의미한다. ( )

12A-2 화폐는 부를 의미한다. ( )

12A-3 화폐는 교환의 수단으로 사용되는 것이 매우 중요한 기능이다. ( )

12A-4 사람들의 부는 화폐형태로 보관될 수 있다. ( )

12A-5 화폐는 상품의 가치를 재는 단위로 사용되기도 한다. ( )

12A-6 달러는 한국에서는 돈이 아니다. ( )

12A-7 인민폐(북한돈)는 한국에서는 돈이 아니다. ( )

12A-8 담배, 쌀, 금 등도 화폐이다. ( )

12A-9 담배, 쌀, 금 등도 화폐로 사용될 수 있다. ( )

12A-10 인민폐는 우리나라에서 법정화폐이다. ( )

12A-11 달러는 우리나라에서 법정화폐이다. ( )

12A-12 달러는 우리나라에서 법정화폐의 기능을 한다. ( )

12A-13 상품화폐는 액면가치와 실제가치가 일치한다. ( )

12 진위형 문제

옳은 서술에는 O, 틀린 서술에는 X를 표시하시오.

12A-**14** 화폐의 양(통화량)은 정부가 정한다. ( )

12A-**15** 화폐의 양이 수요량보다 많으면 이자율이 올라간다. ( )

12A-**16** 통화량의 가장 협의적 개념은 M1이다. ( )

12A-**17** 화폐의 범위는 획일적으로 정할 수 없고 정책목적에 따라 유동적이다. ( )

12A-**18** 화폐에 대한 수요는 자기 부의 일부를 화폐라는 형태로 소유하려는 필요성을 의미한다. ( )

12A-**19** 화폐수요는 부에 대한 욕구와는 구분되는 개념이다. ( )

12A-**20** 화폐수요는 이자율의 역함수이다. ( )

12A-**21** 화폐수요는 소득의 정함수이다. ( )

12A-**22** 중앙은행이 시중은행의 지불준비율을 올리면 통화량이 증가한다. ( )

12A-**23** 중앙은행이 시중은행에 대한 할인율을 올리면 통화량이 증가한다. ( )

12A-**24** 국채를 매각하면 통화량이 감소한다. ( )

12A-**25** 이자율은 화폐시장에서 화폐의 수요·공급에 의해 정해진다. ( )

12

진위형 문제

옳은 서술에는 O, 틀린 서술에는 X를 표시하시오.

12A-26 화폐공급을 늘리면 이자율이 내려가고 민간투자가 증가하여 균형국민 소득이 증가한다. ( )

12A-27 이자율은 화폐시장에서 정해지면서 실물시장의 투자에 영향을 미치기 때문에 화폐시장과 실물시장이 서로 연결된다. ( )

12A-28 정부지출을 늘리는 것은 통화정책이다. ( )

12A-29 통화공급량을 늘리는 것은 재정정책이다. ( )

12A-30 통화팽창정책과 재정팽창정책은 같은 정책이다. ( )

선택형 문제 12

옳은 답을 하나씩만 고르시오.

12B-1 화폐의 기능에 해당하지 않는 것은? (　　)

a. 교환의 매개수단
b. 경제정책의 수단
c. 가치저장의 수단
d. 계산의 단위

12B-2 쌀, 담배, 초콜릿 등이 오늘날 돈으로 간주되지 않는 이유는? (　　)

a. 교환의 매개수단이 되지 못하기 때문에
b. 가치저장의 수단이 되지 못하기 때문에
c. 사용가치와 교환가치가 일치하지 못하기 때문에
d. 양이 풍부하지 못하기 때문에

12B-3 상품으로서의 사용가치가 전혀 없는 지폐를 사람들이 가지려고 하는 이유는? (　　)

a. 상품화폐이기 때문에
b. 정부가 돈이라고 정해 놓았기 때문에
c. 사용가치가 높기 때문에
d. 양이 희소하기 때문에

12B-4 통화량을 가장 적절하게 설명한 것은? (　　)

a. 시중에 유통되는 지폐와 동전의 양
b. 은행이 가지고 있는 수표의 양
c. 민간인이 가지고 있는 지폐의 양
d. 시중에 유통되는 M1 또는 M2의 양으로 그 양은 정부가 조정한다.

12 선택형 문제

옳은 답을 하나씩만 고르시오.

12B-5 **화폐수요에 대한 설명 중 잘못된 것은?** (　　)

a. 부의 일부를 화폐형태로 소유하려는 필요성
b. 소득이 많은 사람들은 거래적 동기로 더 많은 화폐를 수요한다.
c. 돈을 많이 가지려는 사람들의 욕구
d. 이자율이 높아지면 화폐소유비용이 높아지기 때문에 화폐에 대한 수요가 적어진다.

12B-6 **화폐수요곡선에 대한 설명 중 잘못된 것은?** (　　)

a. 이자율과 화폐수요량 사이의 관계를 나타낸다.
b. 물가가 올라가면 화폐수요곡선은 왼쪽으로 이동한다.
c. 소득이 높아지면 화폐수요곡선은 오른쪽으로 이동한다.
d. 우하향하는 곡선으로 그려진다.

12B-7 **통화공급량을 변화시키는 수단이 아닌 것은?** (　　)

a. 시중은행의 지불준비율
b. 중앙은행의 할인율
c. 국채의 매각 또는 매입
d. 세금인하 또는 인상

12B-8 **통화공급곡선을 가장 잘 설명한 것은?** (　　)

a. 수직선이다.
b. 수평선이다.
c. 우하향한다.
d. 우상향한다.

12B-9 **화폐시장의 균형에 대한 설명 중 옳지 않은 것은?** (　　)

a. 균형이자율에서는 저축과 투자가 일치한다.
b. 화폐수요곡선과 화폐공급곡선이 교차하는 점에서 균형이자율이 정해진다.
c. 중앙은행이 통화공급을 늘리면 균형이자율이 내려간다.
d. 소득이 올라가면 균형이자율이 올라간다.

선택형 문제 12

옳은 답을 하나씩만 고르시오.

12B-10 화폐량을 변화시킬 때 국가경제의 재화와 용역의 생산이 변하는 이유를 가장 잘 설명한 것은? (　　)

a. 화폐량을 변화시키면 국민의 저축이 변하고, 국민의 저축이 변하면 기업들의 투자가 변하기 때문에
b. 화폐량을 변화시키면 이자율이 변하고, 이자율이 변하면 기업들의 투자가 변하기 때문에
c. 화폐량을 변화시키면 물가가 변하고, 물가가 변하면 국민소득이 변하기 때문에
d. 화폐량을 변화시키면 세금이 변하고, 세금이 변하면 기업들의 투자가 변하기 때문에

12B-11 화폐시장과 실물시장이 연결되는 이유는? (　　)

a. 화폐수요와 실물투자가 이자율의 함수이기 때문에
b. 화폐수요와 실물투자가 소득의 함수이기 때문에
c. 화폐공급과 저축이 이자율의 함수이기 때문에
d. 화폐공급과 저축이 소득의 함수이기 때문에

12B-12 통화공급을 증가시키면 (　　)

a. 이자율이 낮아지고 투자지출이 증가하여 균형국민소득이 증가한다.
b. 소득이 증가하고 저축이 증가하여 소비가 증가한다.
c. 이자율이 높아지고 투자가 증가하여 균형국민소득이 증가한다.
d. 물가가 높아지고 소비가 감소하여 균형국민소득이 감소한다.

12B-13 다음 중 균형국민소득을 증가시키는 정책은? (　　)

a. 재정긴축정책
b. 세금인상정책
c. 물가인상정책
d. 통화팽창정책

13 물가와 국민소득수준의 결정

13 진위형 문제

옳은 서술에는 O, 틀린 서술에는 X를 표시하시오.

13A-1 물가가 상승하면 화폐수요가 증가한다. ( )

13A-2 물가가 상승하면 이자율이 증가한다. ( )

13A-3 물가가 상승하면 총수요가 증가한다. ( )

13A-4 물가가 상승하면 화폐시장에 초과수요현상이 나타나 이자율이 상승하고, 이자율 상승은 민간투자를 감소시켜 총지출을 감소시킨다. ( )

13A-5 총지출의 감소는 총수요의 감소를 의미한다. ( )

13A-6 물가가 하락하면 유동자산의 실질가치가 하락한다. ( )

13A-7 물가가 하락하면 실질잔고효과에 의해 총수요가 증가한다. ( )

13A-8 실질잔고효과는 물가와 총수요 사이의 역관계를 더욱 강화시킨다. ( )

13A-9 총공급은 개별 상품의 시장공급량을 의미한다. ( )

13A-10 개별 기업의 공급량을 수평적으로 합계하면 총공급이 도출된다. ( )

13A-11 총공급은 거시경제의 개념이고, 시장공급은 미시경제의 개념이다. ( )

13A-12 단기총공급곡선은 우상향하는 기울기를 갖는다. ( )

13A-13 총수요곡선은 우하향하는 기울기를 갖는다. ( )

진위형 문제 13

옳은 서술에는 O, 틀린 서술에는 X를 표시하시오.

13A-14 경제 내에 유휴설비가 많으면 물가가 오를 때 총공급은 조금 증가한다. ( )

13A-15 경제 내에 유휴설비가 적으면 물가가 오를 때 총공급이 많이 증가한다. ( )

13A-16 불황시에는 물가상승시 총공급이 많이 증가한다. ( )

13A-17 호황시에는 물가상승시 총공급이 조금 증가한다. ( )

13A-18 단기총공급곡선은 물가가 낮을 때는 완만한 기울기를 가지고, 물가가 높을 때는 가파른 기울기를 가진다. ( )

13A-19 균형물가는 총수요와 총공급이 일치할 때 정해진다. ( )

13A-20 생산물가격은 오르는데 임금은 오르지 않으면 총공급은 감소한다. ( )

13A-21 생산물가격과 임금이 같이 상승하면 총공급이 증가한다. ( )

13A-22 장기총공급곡선은 우상향한다. ( )

13A-23 잠재적 GDP는 장기총공급보다 더 크다. ( )

13A-24 불황일 때 정부가 재정지출을 늘리면 물가는 적게 상승하고 GDP는 많이 증가한다. ( )

13 진위형 문제

옳은 서술에는 O, 틀린 서술에는 X를 표시하시오.

13A-25 호황일 때 정부가 재정지출을 증가시키면 물가와 GDP 모두 많이 증가한다. ( )

13A-26 불황일 때 통화량을 증가시키면 물가는 많이 증가하고 GDP는 적게 증가한다. ( )

13A-27 호황일 때 통화량을 증가시키면 GDP는 적게 증가하고 물가는 많이 증가한다. ( )

13A-28 생산물가격과 임금이 같이 상승하면 재정확장이나 금융확장시에도 GDP는 증가하지 않고 물가만 상승한다. ( )

13A-29 장기총공급곡선은 수직이다. ( )

선택형 문제 13

옳은 답을 하나씩만 고르시오.

13B-1 총수요(aggregate demand)에 대한 설명 중 적합하지 않은 것은? (   )

a. 총수요는 총지출수요와 일치한다.
b. 총수요는 국민경제의 산출량을 수요 측면에서 파악한 것이다.
c. 총수요는 각 경제주체들의 지출수요를 모두 합한 것이다.
d. 총수요는 미시경제학의 시장수요와 같은 개념이다.

13B-2 물가가 상승하면 총수요가 감소하는 이유를 가장 잘 설명한 것은? (   )

a. 물가가 상승하면 소비자들의 구매욕구가 감소하기 때문이다.
b. 물가가 상승하면 이자율이 상승하여 투자지출을 감소시키기 때문이다.
c. 물가가 상승하면 기업들이 더 많이 생산하려고 하기 때문이다.
d. 물가가 상승하면 실질소득이 내려가기 때문이다.

13B-3 총수요곡선에 대한 설명 중 옳지 않은 것은? (   )

a. 우하향하는 기울기를 갖는다.
b. 화폐시장과 실물시장이 동시에 균형에 도달하는 물가와 산출량의 조합을 나타낸다.
c. 통화공급이 늘어나면 총수요가 줄어든다.
d. 물가가 변할 때 총지출수요가 어떻게 변하는지를 나타낸다.

13B-4 총공급(aggregate supply)의 개념으로 적합하지 않은 것은? (   )

a. 물가가 상승하면 총공급이 증가한다.
b. 총공급은 물가수준이 변할 때 국가경제 전체의 총생산이 어떻게 변하는지를 나타낸다.
c. 총공급곡선은 우상향하는 기울기를 갖는다.
d. 기업수가 증가하면 총공급도 증가한다.

13 선택형 문제

옳은 답을 하나씩만 고르시오.

13B-5 단기총공급곡선의 특징에 해당하지 않는 것은? (   )

a. 경제가 불황일 때는 물가가 상승할 때 총공급이 가파르게 증가한다.
b. 경제가 호황일 때는 물가가 많이 상승해도 총공급의 증가는 완만하다.
c. 물가가 상승하면 기업수가 급속히 증가한다.
d. 물가가 내리면 산출량도 줄어든다.

13B-6 균형물가수준에 관한 설명 중 옳은 것은? (   )

a. 총수요와 총공급이 일치하는 점에서 정해진다.
b. 화폐공급이 많아지면 균형물가는 하락한다.
c. 화폐수요가 많아지면 균형물가는 상승한다.
d. 총공급이 증가하면 균형물가는 상승한다.

13B-7 장기총공급곡선의 설명 중 가장 옳은 것은? (   )

a. 우상향한다.
b. 우하향한다.
c. 수평선이다.
d. 수직선이다.

13B-8 생산물가격의 변화와 임금의 변화에 대한 특성으로 적합하지 않은 것은? (   )

a. 생산물가격이 오르면 어느 정도의 시차를 두고 임금도 상승한다.
b. 생산물가격이 오를 때 임금이 함께 상승하지 못한 기간에는 총산출량이 증가한다.
c. 생산물가격이 오를 때 임금도 똑같은 비율로 상승하면 총산출량은 증가하지 못한다.
d. 생산물가격이 오르면 총산출량이 항상 증가한다.

선택형 문제

13

옳은 답을 하나씩만 고르시오.

13B-9 잠재적 GDP수준을 가장 잘 설명한 것은? (　　　)

a. 장기공급곡선은 수직이고 잠재적 GDP를 나타낸다.
b. 물가가 상승하면 잠재적 GDP는 증가한다.
c. 잠재적 GDP는 항상 일정하다.
d. 잠재적 GDP에서는 실업률이 0이다.

13B-10 재정확장(fiscal expansion)의 단기효과는? (　　　)

a. 총수요곡선을 좌로 이동시켜 물가는 인상시키고 GDP는 감소시킨다.
b. 총수요곡선을 우로 이동시켜 물가도 인상시키고 GDP도 증가시킨다.
c. 총수요곡선을 우로 이동시켜 물가는 인하시키고 GDP는 증가시킨다.
d. 총수요곡선을 좌로 이동시켜 물가는 인하시키고 GDP는 증가시킨다.

13B-11 금융확장(monetory expansion)의 장기효과는? (　　　)

a. 총수요곡선은 우로 이동시키고 단기총공급곡선은 좌로 이동시켜 물가만 인상시키고 GDP는 증가시키지 못한다.
b. 총수요곡선과 단기총공급곡선 모두 우로 이동시켜 물가도 인상시키고 GDP도 증가시킨다.
c. 총수요곡선은 좌로 이동시키고 단기총공급곡선은 우로 이동시켜 물가도 인하시키고 GDP도 감소시킨다.
d. 총수요곡선과 단기총공급곡선 모두 좌로 이동시켜 물가만 인상시키고 GDP는 증가시키지 못한다.

14 실업과 인플레이션

14 진위형 문제

옳은 서술에는 O, 틀린 서술에는 X를 표시하시오.

14A-1 15세 이상 인구는 취업자와 실업자로 나누어진다. (　　)

14A-2 경제활동인구와 비경제활동인구의 비율은 경제활동참가율이다. (　　)

14A-3 실업률은 경제활동인구에 대한 실업자의 비율이다. (　　)

14A-4 실업률은 성별, 지역별, 학력별, 연령별 등으로도 분석될 수 있다. (　　)

14A-5 실업기간(duration of unemployment)도 실업을 분석하는 또 하나의 요소이다. (　　)

14A-6 임금이 상하로 완전신축적이면 실업률은 0이다. (　　)

14A-7 구조적 실업보다 경기적 실업이 더 나쁜 실업이다. (　　)

14A-8 임금이 아래로 내려가지 않으려는 경향 때문에 실업은 발생하지 않는다. (　　)

14A-9 실업은 자원의 낭비를 초래한다. (　　)

14A-10 실업률이 높으면 범죄발생률도 높아진다. (　　)

14A-11 가격이 내려가는 상품보다 올라가는 상품이 많으면 인플레이션이다. (　　)

14A-12 소비자물가지수가 내려가다가 올라가면 인플레이션이다. (　　)

14 진위형 문제

옳은 서술에는 O, 틀린 서술에는 X를 표시하시오.

14A-13 생산자물가지수가 올라가면 인플레이션이다. ( )

14A-14 GDP deflator가 올라가면 인플레이션이다. ( )

14A-15 인플레이션에는 수요측 요인과 공급측 요인이 있다. ( )

14A-16 인플레이션은 스태그플레이션이라고도 한다. ( )

14A-17 지속적 인플레이션은 통화량 증가에 기인하는 현상이다. ( )

14A-18 물가상승으로 정부지출의 효과가 약화되는 현상을 구축효과(crowing out effect)라고 한다. ( )

14A-19 예기치 않게 인플레이션이 발생하면 채무자가 손해를 본다. ( )

14A-20 인플레이션이 완전히 예측되면 경제 · 사회적 폐해는 없다. ( )

14A-21 인플레이션이 지속되면 메뉴비용이 발생한다. ( )

14A-22 인플레이션이 발생하면 사람들이 불필요했던 일에 시간과 노력을 소요하게 된다. ( )

14A-23 필립스곡선은 인플레이션이 심화되면 실업도 심화된다는 것을 나타낸다. ( )

14A-24 인플레이션은 실업보다 더 나쁜 경제문제이다. ( )

14 진위형 문제

옳은 서술에는 O, 틀린 서술에는 X를 표시하시오.

14A-**25** 인플레이션이 발생하지 않는 상태의 실업률을 자연실업률이라고 한다. ( )

14A-**26** 장기적인 총공급곡선이 수직선이라는 것은 장기적으로 인플레이션이 매우 높다는 의미이다. ( )

14 선택형 문제

옳은 답을 하나씩만 고르시오.

14B-1 실업자란? (　　)

a. 일하기를 원하지만 일자리를 구하지 못한 사람
b. 일할 의사가 없는 사람
c. 비정규직 근로자
d. 일정한 직장이 없는 사람

14B-2 인구의 구분에 대한 아래 서술 중 옳지 않는 것은? (　　)

a. 15세 이상 인구는 경제활동인구와 비경제활동인구로 구분할 수 있다.
b. 경제활동인구는 취업자와 실업자로 구분할 수 있다.
c. 취업자에 대한 실업자의 비율이 실업률이다.
d. 15세 이상 인구에 대한 경제활동인구의 비율이 경제활동참가율이다.

14B-3 실업이 발생하는 원인에 해당하는 것은? (　　)

a. 인구증가
b. 임금의 하방경직성
c. 노동수요 증가
d. 노동공급 증가

14B-4 경제활동인구의 5%가 1년 내내 실업상태에 있는 상황(A)과 5%씩 교대로 1개월씩 실업상태에 있는 상황(B)에 대한 다음 서술 중 옳지 않은 것은? (　　)

a. A, B 모두 실업률은 5%이다.
b. 실업자 개인 기준으로 볼 때 A의 경우는 실업기간이 1년이고, B의 경우는 실업기간이 1개월이다.
c. A의 경우가 B의 경우보다 더 나쁜 실업상황이라고 볼 수 있다.
d. 고용정책은 A 경우보다 B 경우에 더 효과적일 수 있다.

14 선택형 문제

옳은 답을 하나씩만 고르시오.

14B-5 실업의 폐해라고 볼 수 없는 것은? ( )

a. 과도한 소비가 초래된다.
b. 실업자에게 경제적 고통을 가져다 준다.
c. 인적 자원의 낭비가 초래된다.
d. 범죄 등 사회문제가 야기된다.

14B-6 인플레이션과 가장 거리가 먼 상황은? ( )

a. 경제 전반의 물가수준이 지속적으로 상승한다.
b. 소비자물가지수(CPI)가 지속적으로 상승한다.
c. GDP deflator가 지속적으로 상승한다.
d. 원자재가격이 지속적으로 상승한다.

14B-7 수요견인 인플레이션(demand-pull inflation)을 가장 잘 설명한 것은? ( )

a. 국민경제의 총수요가 증가하면서 물가상승을 야기시킨다.
b. 노동수요가 증가하면서 물가상승을 야기시킨다.
c. 노동의 초과수요가 발생하면서 물가상승을 야기시킨다.
d. 화폐수요가 증가하면서 물가상승을 야기시킨다.

14B-8 비용인상 인플레이션(cost-push inflation)에 대해 가장 잘 설명한 것은? ( )

a. 화폐공급이 증가하면서 물가상승을 야기시킨다.
b. 국민경제의 총공급이 감소하면서 물가상승을 야기시킨다.
c. 노동공급이 증가하면서 물가상승을 야기시킨다.
d. 화폐의 초과공급이 발생하면서 물가상승을 야기시킨다.

선택형 문제

14

옳은 답을 하나씩만 고르시오.

14B-9 "인플레이션은 화폐적 현상이다"라는 말을 가장 잘 설명한 것은? (　　)

a. 물가는 화폐단위로 표시된다.
b. 물가는 통화당국이 통제한다.
c. 실업률을 낮추기 위해서는 통화팽창과 물가상승이 필수적으로 동반될 수밖에 없다.
d. 인플레이션은 통화증발을 야기시킨다.

14B-10 인플레이션의 폐해에 해당하지 않는 것은? (　　)

a. 분배왜곡 초래
b. 메뉴비용 초래
c. 구두창비용 초래
d. 불경기 초래

14B-11 필립스곡선이 나타내는 것은? (　　)

a. 인플레이션율과 실업률은 역관계이다.
b. 인플레이션은 통화팽창에 기인한다.
c. 실업은 불경기를 초래한다.
d. 총수요와 총공급은 역관계이다.

14B-12 자연실업률(natural rate of unemployment)이란 (　　)

a. 인플레이션을 초래하지 않는 선에서의 최저실업률이다.
b. 자연적으로 정해진 실업률이다.
c. 마찰적 실업률이다.
d. 완전고용실업률이다.

15 개방경제: 국제무역과 국제금융

15 진위형 문제

옳은 서술에는 O, 틀린 서술에는 X를 표시하시오.

15A-1 오늘날 국가 간의 교역확대는 피할 수 없는 경제현상 중 하나이다. ( )

15A-2 과거에는 대부분의 국가가 폐쇄경제였다. ( )

15A-3 우리나라 국민이 생산한 상품을 외국인이 소비하는 것을 수출이라고 한다. ( )

15A-4 외국으로 상품을 수출하면 달러가 우리나라로 들어온다. ( )

15A-5 외국상품을 수입하면 우리나라 돈인 원화가 외국으로 나간다. ( )

15A-6 무역수지는 수출액에서 수입액을 뺀 값이다. ( )

15A-7 두 나라가 무역을 하면 두 나라 모두 혜택을 누릴 수 있다. ( )

15A-8 두 나라가 무역을 하면 손해를 보는 나라도 존재한다. ( )

15A-9 비교우위론은 두 나라 사이에 무역이 일어나는 이유를 설명하는 고전적 이론 중 하나이다. ( )

15A-10 각 나라는 각 상품의 생산에 절대적 우위를 가져야 두 나라 사이에 무역이 성립할 수 있다. ( )

15A-11 비교우위론은 절대우위론보다 더 일반화된 무역이론이다. ( )

15A-12 비교우위론에 의하면 두 나라는 교역을 하지 않는 것보다 교역을 하는 것이 유리하다. ( )

진위형 문제 15

옳은 서술에는 O, 틀린 서술에는 X를 표시하시오.

15A-13 두 나라가 두 상품을 서로 상대방 국가에 수출할 때 두 상품 간의 교환비율을 교역조건이라고 한다. ( )

15A-14 교역조건이 어떻게 정해지느냐에 따라 교역을 통해 어느 나라가 더 혜택을 볼 수 있는지가 정해진다. ( )

15A-15 작은 나라가 큰 나라와 교역을 하면 작은 나라는 손해를 볼 수밖에 없다. ( )

15A-16 수출량과 수입량은 항상 일치한다. ( )

15A-17 자기나라에서 생산하지 않은 상품은 반드시 수입이 이루어진다. ( )

15A-18 환율은 두 나라 화폐 사이의 교환비율이다. ( )

15A-19 우리나라는 1달러와 교환되는 원화의 크기로 환율을 정하고 있다. ( )

15A-20 환율이 올라가면 원화의 가치가 커진다. ( )

15A-21 미국달러는 기축통화이기 때문에 세계 대부분의 국가는 달러와의 환율을 가지고 있다. ( )

15A-22 환율이 올라가면 수입이 증가한다. ( )

15A-23 환율이 내려가면 우리나라 사람이 외국관광을 나갈 때 불리해진다. ( )

15

진위형 문제

옳은 서술에는 O, 틀린 서술에는 X를 표시하시오.

15A-24 수출을 많이 하면 외환시장에 달러의 공급이 증가한다. ( )

15A-25 무역수지는 국제수지와 같은 개념이다. ( )

15A-26 가능한 한 많은 나라들이 자유무역을 추구하도록 하는 것이 세계무역기구(WTO)의 이상이다. ( )

15A-27 수입을 제한하는 대표적 무역정책은 수입관세(tariff)와 수입쿼터(quota)이다. ( )

15A-28 각 나라는 가능한 한 수입을 제한하고 수출은 늘릴수록 더 많은 혜택을 누린다. ( )

15A-29 순수출이 증가하면 국민소득이 감소한다. ( )

선택형 문제 15

옳은 답을 하나씩만 고르시오.

15B-1 두 나라가 서로 무역을 시작하면? (   )

a. 한 쪽이 혜택을 보면 다른 쪽은 손해를 본다.
b. 두 나라 모두 혜택을 볼 수 있다.
c. 두 나라 모두 손해를 볼 수 있다.
d. 한 쪽은 혜택을 보지만 다른 쪽은 혜택도 손해도 없다.

15B-2 개방경제(open economy)란? (   )

a. 다른 나라와 교역을 하는 나라
b. 시장경제를 도입한 나라
c. 자본주의 국가
d. 민주국가

15B-3 폐쇄경제(closed economy)란? (   )

a. 독재국가
b. 사회주의 국가
c. 자급자족국가
d. 물물교환경제

15B-4 수출(exports)이란? (   )

a. 외국에서 생산된 제품을 국내에서 소비
b. 외국인이 국내에서 소비
c. 내국인이 외국에서 소비
d. 국내에서 생산한 제품을 외국에서 소비

15B-5 수입(imports)이란? (   )

a. 국내에서 생산된 제품을 외국에서 소비
b. 외국인이 국내에서 소비
c. 외국에서 생산된 제품을 국내에서 소비
d. 내국인이 외국에서 소비

15 선택형 문제

옳은 답을 하나씩만 고르시오.

15B-6 무역수지 흑자란? (　　)

a. 수입액 > 수출액
b. 수입품 > 수출품
c. 수입액 < 수출액
d. 수입품 < 수출품

15B-7 비교우위론(comparative advantage)에 해당하지 않는 서술은? (　　)

a. 두 나라가 무역을 하면 두 나라 모두 혜택을 누릴 수 있다.
b. 각 나라는 서로 상대방에 수출하는 상품이 존재한다.
c. 두 상품이 두 나라 모두에서 상대국에 비해 실질적 생산비가 낮아도 두 나라 사이에는 무역이 이루어질 수 있다.
d. 두 상품은 생산비에 비례해서 수출량이 정해진다.

15B-8 자동차 1대를 미국에서 생산하면 100명의 노동자가 필요하고 한국에서 생산하면 50명의 노동자가 필요하며, 소 1마리는 한국에서 생산하면 10명의 노동자가 필요하고 미국에서 생산하면 3명의 노동자가 필요할 때, 다음 서술 중 비교우위론의 관점에서 맞지 않는 것은? (　　)

a. 한국은 자동차를 수출하고 미국은 소를 수출하는 것이 유리하다.
b. 한국은 자동차에 비교우위가 있고 미국은 소에 비교우위가 있다.
c. 한국은 자동차만 생산하고 소는 모두 미국으로부터 수입하고, 미국은 소만 사육하고 자동차는 모두 한국으로부터 수입해도 두 나라 모두 경제적으로는 이득이 될 수 있다.
d. 한국은 가능한 한 자동차를 많이 소비하고, 미국은 가능한 한 소를 많이 소비하는 것이 두 나라 모두에 유리하다.

선택형 문제

15

옳은 답을 하나씩만 고르시오.

15B-9 교역조건에 대한 설명 중 옳지 않은 것은? (   )

a. 교역조건은 두 나라가 무역을 할 때 두 상품 간의 교환 비율이다.
b. 교역조건이 달라지면 각 나라가 얻는 무역의 혜택도 달라진다.
c. 교역조건은 각 상품의 생산비 비율에 의해 정해진다.
d. 교역조건은 교역되는 상품의 국제적 수요 · 공급조건에 의해 정해진다.

15B-10 환율(exchange rate)에 대한 설명 중 옳지 않은 것은? (   )

a. 두 나라 화폐 사이의 교환비율이다.
b. 각 나라는 달러를 기준으로 환율을 정하고 있다.
c. 환율은 외환시장에서의 수요 · 공급을 통해 정해진다.
d. 환율상승은 무역수지 흑자를 가져온다.

15B-11 달러와 원화 사이의 환율에 대한 다음 서술 중 옳지 않은 것은? (   )

a. 환율상승은 원화가치의 하락을 의미한다.
b. 환율상승은 수출에 유리하다.
c. 환율상승은 무역수지를 개선시킬 수 있다.
d. 환율상승은 관광객에게 유리하다.

15B-12 국제수지에 대한 설명 중 옳지 않은 것은? (   )

a. 국제수지는 전체적으로 균형이 되도록 만들어진다.
b. 국제수지는 크게 경상계정과 자본계정으로 나눌 수 있다.
c. 경상수지는 항상 균형이다.
d. 무역수지는 경상계정에 포함된다.

15B-13 무역정책에 해당하지 않는 것은? (   )

a. WTO
b. 관세
c. 쿼터
d. 수출자율규제

15 선택형 문제

옳은 답을 하나씩만 고르시오.

15B-14 해외부문이 균형국민소득에 미치는 효과에 대한 설명 중 옳지 않은 것은? (　　)

a. 수출이 증가하면 균형국민소득이 증가한다.
b. 순수출(수출-수입)은 총지출의 한 요소이다.
c. 순수출이 감소하면 균형국민소득이 감소한다.
d. 순수출이 증가하면 총산출이 증가한다.

16 경제성장과 경제발전

16 진위형 문제

옳은 서술에는 O, 틀린 서술에는 X를 표시하시오.

16A-1 경제성장이 이루어지면 생산과 소비가 증가한다. (　　)

16A-2 경제성장이 이루어지면 사회적 · 물질적으로 풍요해진다. (　　)

16A-3 경제성장이 이루어지면 국민들은 더 행복해진다. (　　)

16A-4 경제성장이 이루어지면 삶의 질이 향상된다. (　　)

16A-5 경제성장이 이루어지면 실질GDP가 증가한다. (　　)

16A-6 완전고용상태에서는 경제성장이 이루어지면 생산가능곡선이 바깥으로 이동한다. (　　)

16A-7 경제성장을 가져오는 자본은 물리적 자본과 인적 자본으로 구분할 수 있다. (　　)

16A-8 인구증가는 노동력 증가를 가져오기 때문에 경제성장의 원천이 된다. (　　)

16A-9 기술진보는 경제성장과 무관하다. (　　)

16A-10 규모의 경제는 경제성장과 무관하다. (　　)

16A-11 경제성장이 이루어지면 삶의 질도 향상된다. (　　)

16A-12 경제성장은 인간을 물질의 노예로 만들 수도 있다. (　　)

진위형 문제

16

옳은 서술에는 O, 틀린 서술에는 X를 표시하시오.

16A-**13** 경제성장이 이루어지면 사람들이 골고루 더 잘 살게 된다. ( )

16A-**14** 경제성장과 경제발전은 같은 개념이다. ( )

16A-**15** 경제정책은 궁극적으로 경제발전을 추구한다. ( )

16A-**16** 경제성장이 이루어지면 경제발전도 이루어질 수 있다. ( )

16A-**17** 저개발국의 빈곤문제 해결은 경제성장의 과제이지 경제발전의 과제는 아니다. ( )

16A-**18** 저개발국의 외채문제는 경제성장이나 경제발전과는 무관하다. ( )

16 선택형 문제

옳은 답을 하나씩만 고르시오.

16B-1 경제성장의 개념과 가장 거리가 먼 것은? (　　)

a. 경제규모의 증가
b. 실질GDP의 증가
c. 통화량의 증가
d. 생산가능곡선의 확장

16B-2 경제성장의 원천과 가장 거리가 먼 것은? (　　)

a. 노동력 증가
b. 자본축적
c. 기술진보
d. 저축증가

16B-3 경제성장의 부작용이라고 볼 수 없는 것은? (　　)

a. 경쟁사회를 야기시킨다.
b. 인간을 물질의 노예로 만든다.
c. 자원고갈을 촉진시킨다.
d. 빈익빈 부익부를 심화시킨다.

16B-4 경제성장과 경제발전의 관계를 가장 적절히 표현한 것은? (　　)

a. 경제성장 없이는 경제발전이 있을 수 없다.
b. 경제발전이 있어야 경제성장이 이루어질 수 있다.
c. 경제성장이 있으면 경제발전도 있다.
d. 경제성장은 경제발전으로 이어질 수 있다.

16B-5 세계적 관점에서 볼 때 경제발전의 핵심 과제는? (　　)

a. 저개발국의 빈곤문제
b. 선진국의 빈부격차문제
c. 저개발국의 인구증가문제
d. 선진국의 고령화 문제

선택형 문제

16

옳은 답을 하나씩만 고르시오.

16B-6 과거 한국 경제의 주요 발전전략이었다고 볼 수 없는 것은? (　　)

a. 시장의존 발전전략
b. 정부의존 발전전략
c. 수출의존 발전전략
d. 공업의존 발전전략

1B-7 선진국의 협조 없이는 해결하기 어려운 저개발국의 주요 경제문제 중 하나는? (　　)

a. 외채문제
b. 분배문제
c. 규제문제
d. 노사문제

17 경제체제의 문제

17 진위형 문제

옳은 서술에는 O, 틀린 서술에는 X를 표시하시오.

17A-1 사회주의 실험은 아직도 진행중이다. ( )

17A-2 사회주의 국가는 독재정치이고 자본주의 국가는 민주정치이다. ( )

17A-3 동구의 몰락은 냉전체제의 종식을 가져왔다. ( )

17A-4 폴란드, 헝가리, 체코, 동독 등은 사회주의체제를 붕괴시킨 선도적인 나라들이다. ( )

17A-5 자본주의는 사유재산권을 전제로 하는 경제체제이다. ( )

17A-6 사회주의와 공산주의는 같은 개념이다. ( )

17A-7 자본주의는 시장경제를 기초로 한다. ( )

17A-8 정부의 기능은 시장의 기능보다 우월하다. ( )

17A-9 마르크스는 사회주의가 자본주의보다 발전된 경제체제라고 하였다. ( )

17A-10 노동가치설에 의하면 노동자는 착취당하고 있다. ( )

17A-11 마르크스는 노동착취를 막기 위해 노동조합이 필요하다고 하였다. ( )

17A-12 중국은 자본주의 국가이다. ( )

17A-13 러시아는 가장 성공적으로 자본주의를 도입한 나라이다. ( )

선택형 문제

17

옳은 답을 하나씩만 고르시오.

17B-1 경제체제에 대한 실험결과로 간주되는 대사건은? (　　)

a. 소련을 위시한 동구권의 몰락
b. 중국의 부흥
c. 북한의 핵실험
d. 쿠바의 사회주의체제

17B-2 시장경제를 기본으로 하는 경제체제는? (　　)

a. 사회주의
b. 자본주의
c. 공산주의
d. 무정부주의

17B-3 사회주의체제의 이론적 기초를 제시한 학자는? (　　)

a. 애덤 스미스
b. 칼 마르크스
c. 레닌
d. 모택동

17B-4 동구 사회주의 국가 중 사회주의체제가 가장 먼저 붕괴한 나라는? (　　)

a. 소련
b. 체코
c. 헝가리
d. 폴란드

17B-5 사회주의체제가 갑작스럽게 붕괴되지 않고 점진적으로, 그리고 성공적으로 시장경제를 지향해 가고 있는 나라는? (　　)

a. 동독
b. 북한
c. 루마니아
d. 중국

17 경제체제의 문제

연습문제

17B-6 사회주의체제를 뒷받침하는 대표적 이론은? ( )

a. 한계생산력이론
b. 공황이론
c. 노동가치론
d. 지대이론

17B-7 오늘날 대부분의 나라가 채택하고 있는 경제체제는? ( )

a. 제국주의
b. 자본주의
c. 민족주의
d. 공산주의

해답

해답

01 해답

1A-1 O　1A-2 X　1A-3 X　1A-4 X　1A-5 O　1A-6 X　1A-7 X　1A-8 O　1A-9 X　1A-10 O
1A-11 X　1A-12 X　1A-13 O　1A-14 X　1A-15 O
1B-1 c　1B-2 b　1B-3 a　1B-4 d　1B-5 b　1B-6 d　1B-7 a　1B-8 d　1B-9 b　1B-10 a

02 해답

2A-1 X　2A-2 O　2A-3 O　2A-4 O　2A-5 O　2A-6 X　2A-7 O　2A-8 X　2A-9 X　2A-10 O
2A-11 X　2A-12 X　2A-13 O　2A-14 X　2A-15 X　2A-16 O　2A-17 X　2A-18 X　2A-19 O　2A-20 X
2A-21 X　2A-22 X　2A-23 X　2A-24 X
2B-1 d　2B-2 a　2B-3 d　2B-4 c　2B-5 a　2B-6 b　2B-7 b　2B-8 d　2B-9 d　2B-10 c
2B-11 d　2B-12 c　2B-13 d　2B-14 d

03 해답

3A-1 O　3A-2 X　3A-3 X　3A-4 X　3A-5 X　3A-6 O　3A-7 X　3A-8 O　3A-9 O　3A-10 X
3A-11 X　3A-12 X　3A-13 O　3A-14 O　3A-15 O　3A-16 O　3A-17 O　3A-18 X
3B-1 c　3B-2 c　3B-3 d　3B-4 d　3B-5 a　3B-6 a　3B-7 c　3B-8 d　3B-9 d　3B-10 b
3B-11 d　3B-12 a　3B-13 b　3B-14 d

04 해답

4A-1 X　4A-2 X　4A-3 O　4A-4 O　4A-5 O　4A-6 X　4A-7 X　4A-8 O　4A-9 O　4A-10 O
4A-11 O　4A-12 O　4A-13 O　4A-14 O　4A-15 X　4A-16 O　4A-17 O　4A-18 O　4A-19 X　4A-20 O
4A-21 O　4A-22 X　4A-23 O
4B-1 c　4B-2 a　4B-3 b　4B-4 d　4B-5 b　4B-6 a　4B-7 b　4B-8 a　4B-9 d　4B-10 d
4B-11 d　4B-12 c　4B-13 d

05 해답

5A-1 O　5A-2 X　5A-3 O　5A-4 O　5A-5 O　5A-6 X　5A-7 X　5A-8 O　5A-9 O　5A-10 O
5A-11 X　5A-12 O　5A-13 X　5A-14 X　5A-15 O　5A-16 X　5A-17 O　5A-18 O　5A-19 O　5A-20 O
5A-21 O　5A-22 X　5A-23 O　5A-24 X　5A-25 O　5A-26 X
5B-1 d　5B-2 a　5B-3 b　5B-4 d　5B-5 a　5B-6 a　5B-7 d　5B-8 c　5B-9 b　5B-10 a
5B-11 d　5B-12 d　5B-13 c　5B-14 a　5B-15 c　5B-16 d

해답

06 해답

6A-1 O　6A-2 O　6A-3 O　6A-4 O　6A-5 O　6A-6 O　6A-7 O　6A-8 O　6A-9 X　6A-10 O

6A-11 O　6A-12 X　6A-13 O　6A-14 X　6A-15 O　6A-16 O　6A-17 O

6B-1 d　6B-2 a　6B-3 c　6B-4 d　6B-5 a　6B-6 b　6B-7 a　6B-8 d　6B-9 c　6B-10 d

07 해답

7A-1 O　7A-2 O　7A-3 O　7A-4 X　7A-5 X　7A-6 X　7A-7 X　7A-8 O　7A-9 O　7A-10 O

7A-11 X　7A-12 X　7A-13 O　7A-14 O　7A-15 O　7A-16 X　7A-17 X　7A-18 O　7A-19 O　7A-20 O

7A-21 O　7A-22 O　7A-23 X　7A-24 O　7A-25 O　7A-26 O　7A-27 O　7A-28 O　7A-29 X　7A-30 X

7A-31 X　7A-32 X　7A-33 O　7A-34 O　7A-35 X　7A-36 O　7A-37 O　7A-38 O

7B-1 c　7B-2 b　7B-3 d　7B-4 a　7B-5 d　7B-6 c　7B-7 b　7B-8 a　7B-9 b　7B-10 d

7B-11 b　7B-12 b　7B-13 a　7B-14 d

08 해답

8A-1 O　8A-2 O　8A-3 O　8A-4 O　8A-5 O　8A-6 O　8A-7 X　8A-8 X　8A-9 O　8A-10 X

8A-11 X　8A-12 O　8A-13 O　8A-14 X　8A-15 O　8A-16 O　8A-17 X　7A-18 X　7A-19 O　7A-20 O

8A-21 X　8A-22 O　8A-23 X　8A-24 O　8A-25 O　8A-26 X　8A-27 O

8B-1 d　8B-2 d　8B-3 c　8B-4 b　8B-5 a　8B-6 b　8B-7 a　8B-8 c　8B-9 a　8B-10 d

8B-11 d　8B-12 b　8B-13 a

09 해답

9A-1 X　9A-2 X　9A-3 X　9A-4 O　9A-5 O　9A-6 O　9A-7 X　9A-8 O　9A-9 X　9A-10 O

9A-11 X　9A-12 O　9A-13 X　9A-14 O　9A-15 O　9A-16 X　9A-17 O　9A-18 X　9A-19 X　9A-20 X

9A-21 O　9A-22 O　9A-23 X　9A-24 O　9A-25 O　9A-26 O　9A-27 O　9A-28 O

9B-1 d　9B-2 a　9B-3 d　9B-4 c　9B-5 b　9B-6 a　9B-7 b　9B-8 c　9B-9 d

10 해답

10A-1 O　10A-2 O　10A-3 O　10A-4 O　10A-5 X　10A-6 O　10A-7 X　10A-8 X　10A-9 O　10A-10 O

10A-11 X　10A-12 X　10A-13 X　10A-14 O　10A-15 X　10A-16 X　10A-17 O　10A-18 O　10A-19 X　10A-20 O

10A-21 O　10A-22 O　10A-23 O　10A-24 X　10A-25 X　10A-26 O　10A-27 X

10B-1 d　10B-2 c　10B-3 a　10B-4 d　10B-5 a　10B-6 a　10B-7 b　10B-8 b

해답

11 해답									
11A-1 O	11A-2 X	11A-3 O	11A-4 X	11A-5 O	11A-6 O	11A-7 O	11A-8 X	11A-9 X	11A-10 X
11A-11 O	11A-12 O	11A-13 X	11A-14 X	11A-15 O	11A-16 O	11A-17 X	11A-18 O	11A-19 O	11A-20 O
11A-21 X	11A-22 O	11A-23 O	11A-24 O	11A-25 O	11A-26 X	11A-27 X	11A-28 X	11A-29 O	11A-30 O
11A-31 X	11A-32 X	11A-33 X	11A-34 X						
11B-1 a	11B-2 a	11B-3 d	11B-4 b	11B-5 a	11B-6 b	11B-7 c	11B-8 c	11B-9 a	11B-10 d
11B-11 a	11B-12 d	11B-13 c	11B-14 a	11B-15 c	11B-16 a				

12 해답									
12A-1 X	12A-2 X	12A-3 O	12A-4 O	12A-5 O	12A-6 X	12A-7 O	12A-8 X	12A-9 O	12A-10 X
12A-11 X	12A-12 O	12A-13 O	12A-14 O	12A-15 X	12A-16 O	12A-17 O	12A-18 O	12A-19 O	12A-20 O
12A-21 O	12A-22 X	12A-23 X	12A-24 O	12A-25 O	12A-26 O	12A-27 O	12A-28 X	12A-29 X	12A-30 X
12B-1 b	12B-2 a	12B-3 b	12B-4 d	12B-5 c	12B-6 b	12B-7 d	12B-8 a	12B-9 a	12B-10 b
12B-11 a	12B-12 a	12B-13 d							

13 해답									
13A-1 O	13A-2 O	13A-3 X	13A-4 O	13A-5 O	13A-6 X	13A-7 O	13A-8 O	13A-9 X	13A-10 X
13A-11 O	13A-12 O	13A-13 O	13A-14 X	13A-15 X	13A-16 O	13A-17 O	13A-18 O	13A-19 O	13A-20 X
13A-21 X	13A-22 X	13A-23 X	13A-24 O	13A-25 X	13A-26 X	13A-27 O	13A-28 O	13A-29 O	
13B-1 d	13B-2 b	13B-3 c	13B-4 d	13B-5 c	13B-6 a	13B-7 d	13B-8 d	13B-9 a	13B-10 b
13B-11 a									

14 해답									
14A-1 X	14A-2 X	14A-3 O	14A-4 O	14A-5 O	14A-6 O	14A-7 X	14A-8 X	14A-9 O	14A-10 O
14A-11 X	14A-12 X	14A-13 X	14A-14 X	14A-15 O	14A-16 X	14A-17 O	14A-18 O	14A-19 X	14A-20 X
14A-21 O	14A-22 O	14A-23 X	14A-24 X	14A-25 O	14A-26 X				
14B-1 a	14B-2 c	14B-3 b	14B-4 d	14B-5 a	14B-6 d	14B-7 a	14B-8 b	14B-9 c	14B-10 d
14B-11 a	14B-12 a								

해답

15 해답

15A-1 O 15A-2 X 15A-3 X 15A-4 O 15A-5 X 15A-6 O 15A-7 O 15A-8 X 15A-9 O 15A-10 X
15A-11 O 15A-12 O 15A-13 O 15A-14 O 15A-15 X 15A-16 X 15A-17 X 15A-18 O 15A-19 O 15A-20 X
15A-21 O 15A-22 X 15A-23 X 15A-24 O 15A-25 X 15A-26 O 15A-27 O 15A-28 X 15A-29 X
15B-1 b 15B-2 a 15B-3 c 15B-4 d 15B-5 c 15B-6 c 15B-7 d 15B-8 d 15B-9 15B-10 d
15B-11 d 15B-12 c 15B-13 a 15B-14 a

16 해답

16A-1 O 16A-2 O 16A-3 X 16A-4 X 16A-5 O 16A-6 O 16A-7 O 16A-8 O 16A-9 X 16A-10 X
16A-11 X 16A-12 O 16A-13 X 16A-14 X 16A-15 O 16A-16 O 16A-17 X 16A-18 X
16B-1 c 16B-2 d 16B-3 a 16B-4 d 16B-5 a 16B-6 a 16B-7 a

17 해답

17A-1 X 17A-2 X 17A-3 O 17A-4 O 17A-5 O 17A-6 X 17A-7 O 17A-8 X 17A-9 O 17A-10 O
17A-11 O 17A-12 X 17A-13 X
17B-1 a 17B-2 b 17B-3 b 17B-4 d 17B-5 d 16B-6 c 16B-7 b

■ 생활경제학 워크북

2009년 4월 1일 초판인쇄
2009년 4월 6일 초판발행

저　자 최 정 표
발행인 노 현 철
발행처 도서출판 해남
서울특별시 서대문구 냉천동 182 냉천B/D 4층
전화 739-4822　　팩스 720-4823
e-mail haenam30@dreamwiz.com
homepage www.hpub.co.kr
등록 1995. 5. 10 제 1-1885호

정　가 6,000원

ISBN 978-89-6238-013-2 03320